認知症の人に寄り添う在宅医療

精神科医による新たな取り組み

平原佐斗司●監修
Satoshi Hirahara
東京ふれあい医療生活協同組合
梶原診療所

内田直樹●編著
Naoki Uchida
医療法人すずらん会 たろうクリニック

クリエイツかもがわ
CREATES KAMOGAWA

はじめに

高齢者が増加し、通院が困難となる方が増えていることなどから在宅医療が推進されています。在宅医療の仕組みが整備され、定期的な訪問診療と臨時の往診を組み合わせることで、通院が難しい方を住み慣れた場所で医療面から支えることが可能になりました。

高齢者の増加に伴い認知症の方も増加しています。認知症の原因疾患のうち半分以上を占めるアルツハイマー型認知症は、病気の進行に伴って病識が低下することが多く、「自分は病気じゃないから」と受診や診察を拒否することが珍しくありません。認知症の人の多くは病気が重症になるほど病院に行きたがらなくなるのです。また、認知症の原因疾患の多くは、残念ながらいまのところ完全に治す薬や治療がないため、医学的な視点だけでは認知症診療には限界があります。このような状況におかれた認知症の方には、在宅医療という選択肢に大きな可能性があると考えています。

実際に認知症の方への訪問診療を行うと、病院への通院を拒否する認知症の方が、訪問診療であれば歓迎してくださることをたびたび経験します（この理由については本文の中で考察しています）。また、完治させる薬がないからこそ認知症診療には社会的な視点が必要です。生活の場に医師が訪問して、取り巻く環境や人について医師の目で見て判断し、治療方針を決めていくことが有効であると感じています。

認知症の方への在宅医療の経験を重ねるにつれて、在宅医療が認知症診療において重要な選択肢になるとの確信を強めていますが、実際には在宅医療に携わっている精神科医や認知症専門医が非常に限られているのが全国的な現状です。

本書では、在宅医療において先進的に認知症診療に携わっている先生方に、日々の取り組みをご紹介いただきました。精神科在宅医療の歴史にはじまり、認知症疾患医療センターや認知症初期集中支援チームといった公的な活動から、認知症専門医が行う訪問診療やＡＣＴ（積極的地域医療）の応用、精神科医が中心となって行う地域づくりの現場、さらには認知症の在宅医療を経験した上でその限界を感じて次のステップを模索しているお話など、まさに認知症在宅医療の最先端の内容となりました。精神科医や認知症専門医が病院を飛び出すことで認知症診療に新たな可能性が加わることを、みなさんに感じていただけるものになると期待しています。

「認知症診療に、在宅医療という新たな選択肢を加えたい」
これが、この本を通して私たちが伝えたいことです。

２０１８年６月

医療法人すずらん会　たろうクリニック　内田直樹

CONTENTS

はじめに
医療法人すずらん会 たろうクリニック 内田 直樹 3

PART.1

座談会「在宅医療の歴史（本流の在宅）と精神科在宅医療（新しいスタイル）とは」
東京ふれあい医療生活協同組合 梶原診療所 平原佐斗司
医療法人すずらん会 たろうクリニック 浦島 創
医療法人すずらん会 たろうクリニック 内田 直樹
京都府立医科大学大学院 医学研究科 精神機能病態学 成本 迅 8

PART.2

1 精神科医による認知症訪問診療の実際——たろうクリニックの取り組み
医療法人すずらん会 たろうクリニック 内田 直樹 36

2 認知症の旅を支えるメディカルホームとステージアプローチ
東京ふれあい医療生活協同組合 梶原診療所 平原佐斗司 56

PART.3

1 在宅医療と精神科医療——それぞれの歴史と融合
東京ふれあい医療生活協同組合 梶原診療所 平原佐斗司 78

2 認知症を地域で支える——早期診断・看取り、認知症初期集中支援チームの取り組みから湘南地域での啓発活動まで
医療法人社団みのり会 湘南いなほクリニック 内門 大丈 97

3 認知症支援は地域づくり
医療法人さくら会 わかば台クリニック 山内 勇人 120
4 ACT（積極的地域治療）の体制を応用し、多様な精神疾患や認知症にも対応する精神科在宅医療の実践
医療法人社団リカバリー こころのホームクリニック世田谷 高野 洋輔 136
5 私と認知症訪問診療
千葉大学医学部附属病院 地域医療連携部 上野 秀樹 153

PART.4
座談会「在宅医療に関わる精神科医としてそれぞれの立場から（開業医、常勤医、非常勤医）」
医療法人恒昭会 藍野病院 園田 薫
医療法人社団鉄祐会 祐ホームクリニック 夏堀 龍暢
医療法人すずらん会 たろうクリニック 浦島 創
医療法人すずらん会 たろうクリニック 内田 直樹 190

おわりに
京都府立医科大学大学院 医学研究科 精神機能病態学 成本 迅 225

COLUMN
①見える事例検討会と実際の取り組み
つながるクリニック 八森 淳 169
②身体疾患の治療選択における認知症の人への意思決定支援——精神科の視点から
京都府立医科大学大学院 医学研究科 精神機能病態学 成本 迅 180

PART.1

PART.1

座談会

在宅医療の歴史（本流の在宅）と精神科在宅医療（新しいスタイル）とは

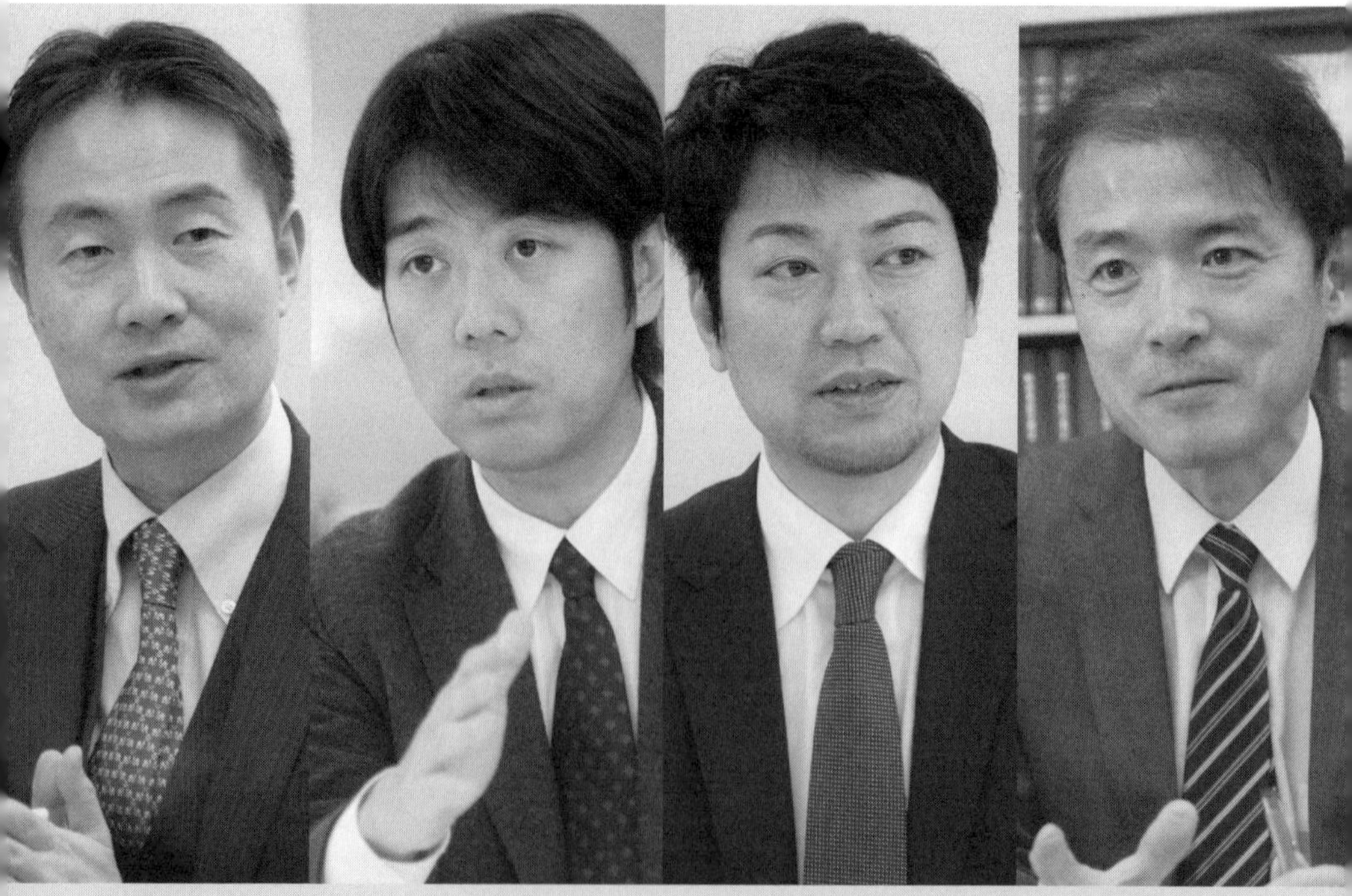

司会／成本　迅
京都府立医科大学
大学院医学研究科
精神機能病態学

内田直樹
医療法人すずらん会
たろうクリニック

浦島　創
医療法人すずらん会
たろうクリニック

平原佐斗司
東京ふれあい
医療生活協同組合
梶原診療所

成本　この章では主に、認知症の方への在宅医療が果たす役割について話を進めていきたいと思います。

最初に平原先生、もともと日本でどのように在宅医療が始まり、認知症の方が地域に増えるなかでどのように変わってきたのか、いま課題になっていることなどについてお願いします。

1　在宅医療と精神科医

1 在宅医療のおおまかな流れ

平原　病人を家で診るということは、江戸時代からずっとあったようです。貝原益軒の「養生訓」などいろいろな書物が残っています。病人が出たら家で診て主婦が看病する、それが文化としてあったわけです。

明治以降の医制ができた後、死亡診断書は医者でないと書けないことになりました。だから看取りになると、とにかく山奥でもどこでも医師が行って最期を見届けるというのは、明治以降に起こったようです。

当時はもちろん抗生物質もなかった時代です。感染症や急性疾患で亡くなる人が多く、そうなったら助かるかどうかにかかわらず、とにかく行って看取るというのが戦前までの医療です。そういうなかで、かかりつけ医の原型ができてきたのだと思います。

戦後もその在宅医療の形は続いていました。私が戦後すぐの医療について直接聞いたのは、早川一光先生と佐藤智先生です。１９５０年頃までは、まだ感染症に次いで脳卒中、さらに結核も多かった時代でした。その時代はまだ多くの方が急性疾患で亡くなっていて、日本人の平均寿命も60歳前後でした。

たとえば佐藤先生は１９５０年頃の1年間、長野県の塩尻という村に行き、年間に百何十枚かの死亡診断書を書いたそうです。3日に1枚、診断書を書きに村中をかけずり回っていたことになります。当時、亡くなるのはいまのように後期高齢者ではなくて、もっと若い人や子どもたちだったと思います。

早川先生も１９４８年に診療所を開きます。戦後の京都も荒れたバラック小屋で生活する人が多く、戦地からの引揚者もたくさんいました。「子どもが熱を出した」とか麻疹《はしか》で「とにかく来てくれ」と呼ばれて行って、ガタゴトと市電の音がする橋の下に囲ってあるバラックの家で診察をしたそうです。

ですから在宅医療は、急性期に医者がそこに赴く臨時往診からスタートしたのが原型です。まだ医療がそんなに進歩していない時代で、多くは助けることができませんでした。それでも行って治療、手当てをして、看取る――、そういうかつての在宅医療の歴史が長くありました。これを私は「古典的在宅医療」と呼んでいます。

その後、全身麻酔の手術ができるようになったのが１９５５年前後です。抗生物質が使えるようになり、予防接種もできるようになって、死亡率がずっと減ってきました。

ところで戦後の医療法は、「在宅」を医療の場と認めていませんでした。法律上、医療は医療機関でするものとされ、医者が家に行くのはよほど困ったときの例外になってしまったのです。

その一方で、医療の社会保険が整備され、救急医療のシステムが整備されて、モータリゼーションもすごく進歩しました。病気になっても病院に連れて行けば命が助かることが、広く知られるところになりました。

在宅医療と病院医療の質を比較すると、明らかに在宅医療は劣ります。次第に、病院に連れて行くことが普通になって、在宅医療はどんどん廃れていった歴史がありました。

再び在宅医療が、地域の必要性に応じて復興してきたのは１９７０年代です。京都では早川先生たちによって、看護師が街を走り回る訪問看護の原型が生まれていました。もちろん往診もあり、70年代にはすでに病院名を冠して「堀川方式」と呼ばれていました。東京でもその時代に始めています。さらに長野県の佐久などいろいろな地域で、求めに応じて医療が地域に出て行く姿がありました。

それでもまだごく一部の医療でしたが、１９９０年になって医療法で「在宅」が医療の場と認められると、多くの医師が在宅に関わるようになりました。主として慢性的な病気や障害のある人を、計画的・定期的に訪問しました。そういう人たちは突発的なことが起きたときに医療にかかりにくいため、24時間体制をとるのが現代的在宅医療の姿として確立してきました。

ここに至るには早川先生や佐藤先生、さらに増子忠道先生をはじめ、さまざまなパイオニアの実践がありました。時代が進化して地域包括ケア時代になりましたけれども、それが原型であることは間違いないと思います。

精神疾患と在宅医療についても、早川先生に聞いたことがあります。先生らは1980年に「家族の会」(「呆け老人を抱える家族の会」、現「認知症の人と家族の会」)を創設しています。

当時、「風邪を引いた」と呼ばれて往診すると、いまなら認知症と思われる人が中2階の部屋に閉じ込められていて、鍵を3つくらい開けて入って診察をしたそうです。いわゆる座敷牢で、統合失調症の人を閉じ込めることもまだあったようです。そのときに「これは人としての本来の扱いではない」と感じた先生は、これからの日本で絶対に起こってくる病気だと考え、「家族の会」の結成につながっていったという経緯を聞きました。

当時、大きな精神病院を中心にした「隔離」という医療がありつつ、その一方で、そういう人を地域で支える芽生えもあったのだろうと思います。そして在宅医療を始めた当時も、認知症はおそらく、一つの問題としては存在していたのだろうと思います。

精神医療のなかでの在宅医療の流れについてはこの程度で詳しくありませんが、在宅医療のなかで精神科の流れが出てきた最近のことは、ある程度認識しています。

在宅医療は90年代から急速に広まっていますが、主としてがんと高齢者が在宅医療のニーズを押し上げてきました。需要爆発が起こるいまの新しい社会になって、量的にもさらに多くなっているのは確かです。

もう一つ、対象が多様になっているのも特徴です。がんだけではなく、超高齢者を中心とした非がん疾患の緩和ケアの領域があります。

小児在宅医療という新しい分野も出てきています。500グラムくらいで生まれた子どもでも、多くはNICU（新生児集中治療室）で助かりますが、1割ほどは重い障害が残ります。その子たちの療養の場としていま、在宅のニーズが増えています。ただ、在宅療養支援診療所のなかでも小児に対応できているのは2％くらいという報告もあり、まだまだこれから広がっていくことが求められます。

私自身が精神科の在宅医療のニーズを認識したのは、近隣の訪問看護ステーションで、統合失調症の人への訪問が急速に増えていると知ったことからです。

もともと精神科の先生が保健師に依頼した人たちを、その保健師が自分だけではかかえきれなくなって訪問看護師に依頼したものです。訪問看護師が入ることによって、薬がきちんと飲めるようになり、いろいろなケアも行き届いて、悪くならないで安定した生活を送ることができるようになっていました。そういうことが訪問看護で先に始まった感じがします。

私たちのところにはまださほど結びついていませんでしたが、今後こういう人たちが高齢化して合併症を発症したり、医療にアクセスできなくなったりすると、往診の医療になってくるかと思います。

実際都内でも、統合失調症の人には最初にアウトリーチをして、入院で状態を落ち着けて外来通院にもっていくのが、精神科の医療機関でも昔からの流れでした。ですから、その後落ち着いたら外来というイメージでしたが、都内の在宅の先生によると「最近、アクセスできない統合失調症の人も増えていて、行かざるを得ないケースもだんだん増えてきている」という話でした。

在宅医療全般にもいえることですが、認知症だけでなく精神疾患全般に、医療にアクセスしづらい人は増えているので、今後は何らかの原因で通えなくなったり合併症を発症したりして、一般の在宅医療に結びついてくる方が一定いるのではないかと思います。

② BPSD（認知症に伴う行動・心理症状）が強い人のところへ

成本　在宅診療が多様化してくる流れのなかで、認知症を主なターゲットとした在宅診療が始まってきたかと思います。浦島先生、そこをお願いします。

浦島　私がたろうクリニックを法人化する前に個人で開業したのが9年前でした。

私緩和ケアに携わっていけるということが、私の在宅医療をしたいというモチベーションの一つになっていました。大学で他科からの依頼で入院患者の精神的な問題に対応するリエゾンをやっていて、緩和ケアチームに入っていたこともありました。また同時に、精神疾患を治療する精神科の専門医としてのキャリアも続けていきたいと考えていました。

在宅診療の制度があるのを知ってすぐ、緩和ケアと精神疾患両方の治療に携われると思い、当時の教授に「研修させてください」と相談し、その後開業することになりました。当初、高齢者の精神障害、身体障害、がんの看取り、若い方の精神疾患、これらを四つの柱として、ニーズがあれば全部するつもりで開業しました。

ですから私は、そもそも精神科の在宅医としてアイデンティティを固めるつもりはなく、普通に在宅医療をするつもりでした。ただそのなかで、精神科としてのキャリアがすごく役に立っていると感じました。それから高齢者のニーズが意外にも多いことを知り、もっと力を入れていこうということで現在に至っています。

成本　すると最初は、精神科出身だけれども通常の在宅診療をなんとなく描いていたということですね。

浦島　そうです。私は医師になって最初の3年間は産婦人科でしたが、緩和ケアをしたいという思いがずっとありました。それがモチベーションで、精神科医になって精神力動（人の心の動き）を勉強して、緩和ケアに関わりたいと、医学部の精神神経科で研究していました。その流れが、ようやく生きてきているように思います。

開業した当初は、特養（特別養護老人ホーム）などに行って、主に精神科のキャリアとしてすぐにできることをしていました。あわせて「看取りもします」と、周りに伝えてはいました。

成本　看取りは、特養に入所している人からですか?

浦島　いいえ。看取りは自宅でがん末期の緩和ケアの方から始めました。

成本　それは、がんで退院して来た人の看取りですね。

浦島　はい。いまは認知症の訪問診療の依頼が増えていますが、開業当初は認知症の依頼は少なく余裕がありましたので、がんの看取りの依頼があれば積極的に受けていました。

成本　つまり、在宅で増えてきたがんの看取りと、特養の訪問から始めたわけですね。認知症の人が増えてきたのはどんなきっかけだったのですか?

浦島　「私は精神科医ですから、認知症の重度の人も診ますよ」と、まずは施設に入って行きました。

成本　するとやはり、最初はＢＰＳＤ（認知症に伴う行動・心理症状）の強い人が……。

浦島　はい。他で断られた人たちをほとんど診ていました。開業当時は、まだ施設をたくさん受け持てる時代で、１施設に１〜２人ずつ、あちこちに行っていました。在宅診療をしているクリニックだと普通は半径３〜５キロ程度のエリアですが、依頼を断る余裕がなかったので「全部行きます。遠くても行きます」と……。効率は悪いのですが、その基本はいまでも続けています。

成本　１施設に認知症の人は多いけれども、ＢＰＳＤで困っていて、先生のところに依頼が来るのが１〜２人ということですね。その頃は相当大変だっただろうと思います。

浦島　また制度が変わって、施設の中でも重度、要介護度が高い人、認知症の方の割合がかなり増えてきています。いまサ高住（サービス付き高齢者向け住宅）や住宅型有料老人ホームでも、認知症の方に対応するため精神科医が必要な場面が増えています。以前なら１〜２人の依頼だけだった施設でも５〜10人となり、私たちの役割は増している印象です。

成本　それは制度の変更によるものですか?　それとも高齢者が増えたことによる変化ですか?

浦島　どちらもあると思います。これまで看取りをせず病院に搬送していた施設が体制を整え、看取りをするようになってきました。もともと入居されていた方の認知症が進みＢＰＳＤが出てきて、ご家族からも「精神科で見てほしい」と依頼されるようになったのです。そのため、全身状態が悪くなったからと内科の先生に引き継ぐケースが減り、最期まで診る機会が増えています。認知症の看取りも、うちの大きな仕事になってきています。

3 通院拒否のケースに生きた精神科医のスキル

成本　内田先生は、いまの浦島先生の話のなかではどのあたりからですか?

内田　その後になります。私がたろうクリニックの院長として参加したのは2015年4月です。当時は本当に恥ずかしいことに、在宅時医学総合管理料が何かなど在宅医療のことを全然わからないまま、ただ浦島先生が楽しそうだからと（笑）。ですから、精神科医として在宅医療でどう働くかというよりも、新しい分野としての在宅医療をがんばるつもりで参加したわけです。

でも5月に、すごく印象深い症例の人と出会いました。前頭側頭型認知症で、万引きはするし興奮するしお酒もたくさん飲むので、ご家族も困っていました。ご本人は脳梗塞の後遺症もあって通院が必要でしたが、行きません。介護保険も切れていました。奥さんの友だちのケアマネジャーから「行っても断られるかもしれんけど、奥さん困っとるんでとにかく行って」と依頼されました。

その時点で私は在宅医療について、寝たきりや介護度が高くて症状も重い人のところに行くイメージでした。体は動くけれども、認知症で病院の受診も拒否する人のところに訪問診療に行くのは初めてでしたから、けんもほろろに拒否されると想定していました。

ところがすごく歓迎されました。ご本人ときちんと関係を結べば、飲まないといけない血圧の薬も飲むし、ご家族にも認知症の症状について説明し、対応方法も説明すると、夫婦のいさかいもずいぶん減って、本当に安定して在宅で生活できるようになったのです。

これは在宅医療のなかに、ＢＰＳＤを診るだけでなく、きちんと診断をして、患者さんと関係をつくり、対応方法を伝えて、介護者をサポートすることも含め、精神科医の役割がいろいろあると感じた最初の経験でした。

その地域は高齢者がすごく多く、その後も同じケアマネジャーから、通院拒否をする認知症の人を何人も紹介してもらいました。同じように、訪問診療は歓迎されるということが繰り返されました。

それはなぜかと考えたり、精神科医として在宅医療で何ができるかを考えたりしていくなかで、いまに行き着いています。

成本　内田先生もどちらかというと、在宅診療の世界でがんばろうと思って飛び込んでみたら、もともとの精神科医のスキルやキャリアが生きることがわかってきたということですね。おもしろいですね、そのあたり。

通院拒否のケースについては、いまどこの地域でも問題になっています。そのために、認知症初期集中支援チームの制度がつくられたということもあると思います。

私が最初に内田先生の話を聞いて驚いたのは、初期集中支援チームでみんながどうしようかと話し合っているときに、いきなりドクターが行ってしまって、そこにケアマネジャーも集まって道筋をつけてしまっていたからで、すごくショッキングでした（笑）。

でもそれは、最初からそうしようとしたことではなく、行ってみたら意外と受け入れられた。そこに関係づくりのスキル、精神科医のスキルが役立っているのではないかということですね。

内田　そうです。在宅診療をしている他科の先生がバイタルも測れずに拒否された人でも、私たちが行って関係をつくり、その後も継続的に訪問診療に入れています。

やはり福岡大学で、精神力動的な精神医学を学んだことは大きかったと思います。認知症の人は認知機能障害でできないことばかり注目されますが、もちろん健康な部分は残っていて、その部分とどう治療同盟を結んで在宅医療を継続していくかというのは、精神科医としての経験が役に立っていると思います。

4 精神科医と内科医

平原　在宅医の背景はやはり内科が多いのですが、一般の開業の先生と同様、認知症を苦手としている人がすごく多いのです。だから、きちんと診られていないと思います。

あおぞら診療所の北田志郎先生が、診療所で調べた精神科の疾患ニーズに関する調査結果によると、だいたい主病名で25・5%が精神科疾患、その8割を超える22・1%は認知症でした。ですから一般在宅でも、実は4分の1くらいの主病名は精神科疾患で、その多くは認知症だという実態はあるのです。けれども、「在宅」に結びつくときはかなり進行しているので、どういう疾患でどういう人生を歩んできた人かを掘り下げることは難しい。その状態で在宅医療がスタートしてしまうと、どうしても寝たきりの管理やBPSDの薬などという程度にならざるを得ません。

私自身は、最初のスタートが1999年に始めた高齢者ケア外来でした。診断してから認知症の旅路を支えるというステージジアプローチをずっとやってきて、その一環として在宅医療にも取り組んでいました。ですから、認知症を深く診るためにやはり、その人のナラティブ（物語）、あるいは原疾患もきちんと把握した上で、長く診ることがすごく大事だと思っています。けれども、「在宅」はどうしても短いので、なかなか在宅医の習熟度が上がらないのだと思うのです。

ただ最近は、アウトリーチという新しい流れがあります。これは、障害のある人と死が間近な人などに対して、定期的・計画的に訪問するという現代的在宅医療、つまり定期往診の概念を覆すような、むしろ、急性疾患にこちらがアウトリーチをするという古典的在宅医療に近いような医療です。

そこには、医療にアクセスできない人たちがすごく増えているという社会的な背景があると思います。さらには、社会が複雑化したり貧困化したりと、いろいろな問題があると思います。

アクセスできない人たちからの依頼は、今後もずっと増え続けていく傾向だと思います。そのなかで初期集中支援チームという制度が出てきて、在宅医もある程度そこに入っていかなければいけなくなってきたのだと思います。

東京都北区には２０１２年から「高齢者あんしんセンターサポート医」システムがあります。地域包括支援センターの困りごと事例に対して、私たちが相談を受けて、必要ならアウトリーチをするという取り組みです。いまは認知症疾患医療センターに引き継がれていますが、もう60～70例くらいになっています。50例くらいのところで統計をとってみると、３分の2が認知症でした。

一つの地域包括支援センターは、だいたい四つか五つの困難事例を抱えているという統計があります。アウトリーチした対象の主なものは認知症です。残りの14％が精神疾患です。それは統合失調症などではなく、人格障害だったり妄想性障害だったり、なかなか精神科医療と結びつきづらい病気だろうと思われる人でした。そしてあとの2割が内科疾患でした。

したがって、新しい在宅医療の分野としてのアウトリーチをきちんとしていこうと思えば、認知症を診るのは必須のコンピテンス(専門能力)です。加えて内科の素養があり、精神疾患もある程度わかっていることが求められます。そうでないと困難事例のアウトリーチはできない、と私は思っています。

在宅医療の現場にはたぶん、そういう人は多くありませんから、精神科の先生が地域に出るのは、これからすごく必要になってくると思います。

成本　確かに入り口のところは、精神疾患なのか認知症なのかなどまず鑑別診断が必要で、ラポール(信頼関係)を築くスキルなどもいりますね。「在宅」の先生やかかりつけの先生たちは、どのへんにつまずくことが多いのでしょうか。

平原　一般の開業医の先生に聞くと、みなさん口を揃えて「診断した後、何をしたらいいかわからない」ということでした。

私たち医師は、病態を把握して、そこを改善する、あるいは断ち切る薬や手術などで治すのが近代医学の基本です。ですから、治らない病気を長く診るということについて、やはり慣れていないのだろうと思います。

おそらく薬だけではなくて、環境の整備やコミュニケーションなど可能なありとあらゆるものを利用し、ご家族を励ます――。そういうことを全部やっていくのはなかなか習得しづらいと思います。精神科の先生はそのへんがさらっとできてしまうので、そこが大きな違いなのかもしれません。

成本　内田先生、最初のケースで奥さんとの関係調整などもありましたが、やはりご家族に対する心理教育や関係調整は多いのですか？

内田　初めの段階できちんと診断をして、認知症の治る部分に対するアプローチを行ったら、その後することはそこが中心になります。

それは認知症に限らず、精神科医の普段の臨床がそうだと思います。統合失調症の人に関しても「治りました。はい終わり」ではありません。やはり治った後、薬を飲み続けてもらいながら、ソーシャルワークで地域の使える資源を紹介して利用してもらい、ご家族にもサポートの仕方、対応の仕方を学んでもらう「治し支える医療」を、精神科医はこれまで当たり前にやってきたと思います。

「在宅」での認知症診療もそれに近いところがあります。もちろん初めのきちんとした見立ては重要ですが、それを行った後は、ご本人がやりたいことなり、ご家族の対応のサポートなり、介護関係も含めて使える資源を紹介して支え続けていくという、これまで精神科外来でやっていたことに近いことを行っています。

私たちにとっては当たり前で自然なことですが、内科の先生とは少し考え方が違うのかもしれないとは思います。

成本 それらを伝える場はあるのですか？

内田 最近講演の機会がよくありますが、多くは一般市民やケアマネジャー向けです。精神科医向けに在宅医療について話すことはありますが、一般内科の先生や「在宅」の先生に認知症診療について話す機会はめったにありません。伝えたいことはたくさんありますが（笑）。

成本 そういうオファーは、私たちのような大学病院関係者などに来ているかもしれません。本当は、先生が経験されていることを直接伝えられるといいと思うのですけれども……。

浦島先生は、家族調整など精神科医らしさということについてはいかがですか？

浦島 やはり病気の経過が長くなると思いますが、精神科でこれまでやってきた統合失調症の診療やうつ病の診療だと「来年くらいには少しよくなっています」など、年単位で先の見通しを伝えないといけない場面があります。

そこは経験を積まないと、なかなか言えないところがあります。私は在宅で認知症をたくさん診るようになってから、見通しを伝えることについてより多く実践し学んできました。以前認知症の外来をやっているときは、よくわからないところもありました。看取りまでやるようになって、年単位で先の見通しが立つようになってきました。こうした経験ということについては、精神科医も内科医も同じかと思っています。

成本 経験がないとなかなか、予測などは難しいですね。

2 在宅医療と意思決定支援

成本 意思決定支援のテーマに移りたいと思います。がん患者の在宅での看取りを引き受けた場合、治療方針に関する意思決定については、ある程度病院で話し合った上で引き受けるという感じだったのでしょうか？

1 ライフレビューを意思決定のツールに

平原 がんも時代とともにかなり変わっています。私は1992年に、初めは在宅のホスピスをやりたくて東京ふれあい医療生協に入りました。

当時は病院医療のなかで非常につらい思いをして、積極的に「在宅」を選択する人が多くいました。ですから「望んだ在宅」でした。そういう人は入院中から、「在宅」で最期までと決めて帰って来ました。

いま東京の都心部ではそうではなく、「病院での治療は終わりましたから出てください」と、とにかく帰ってきてどうしたらいいのだろうという、放り出された人がたくさんいます。「望んだ在宅」ではありません。

だから意思決定の主戦場は、昔は病院でしたが、いまは「在宅」に帰ってきてから意思決定しなければならなくなっています。

成本　かなり最終段階で、そこに認知症があると非常に難しいと思います。そこをどうするかはまた一つの問題として、わりと早い段階から関わることができればやりやすいように思えますが、そのあたりはいかがですか？

内田　在宅医療で私たちが関わる人たちは、比較的認知症の重い人たちが多いのが実状です。決定する事項の複雑さによると思いますが、あまり込み入った話は難しいことが多いですね。

たとえばさきほどの前頭側頭型認知症のケースでも、脳梗塞のために病院に通わないといけないのに、その必要性を理解できずに病院受診を拒否しているという、意思決定能力が少し落ちた状態で出会っています。

ただ、これまでは「この人は認知症で、もうある程度進んでいるから、意思決定能力はまったくありません」という判断になって、ご本人のことはもう横に置いてご家族とばかり話をしていました。

ですから、認知機能障害がある程度重くても、決める内容次第ではご本人が判断できるし、サポートすればもっと判断できる範囲が広がるというところで、ご本人の意向を大事にすることがこれからの重要なテーマだと思っています。

平原　いまＡＣＰ（Advance Care Planning）が非常に注目されています。基本は、ご本人の意思を中心になるべく早い時期から、しかも病状が安定しているときに話し合いを重ねていって、個別の意思ではなくそこに関わる集団の意思に昇華させていく、そういうアプローチだと思います。

このＡＣＰが非常に有効だというエビデンスがたくさん出ています。多くは慢性単一疾患、ＣＯＤ

P（慢性閉塞性肺疾患）やCKD（慢性腎臓病）などにすごく有効だというエビデンスです。一方、病状の進行に伴いオートノミー（自律性）が障害されていく認知症については、ACPの有効性についてのエビデンスが乏しいのですが、重要なのは、自身の意思が貫かれるような支援の仕方をどのように構築していくのかだと思います。

私たちは軽度の時期、診断時から継続して診ることが多いのですが、診断したときに、その人がどんな人生を歩んできたのかというライフレビューを聞いていました。それをカルテに残しておくわけです。

その病気については、受け止める能力がある人には診断をディスクロージャー（告知）しますし、ご家族にももちろんディスクロージャーして、そこからご家族の教育的なアプローチを始めます。3か月に1回確実にフォローして、その間にあった問題についてなぜ起こったのかを振り返る、ということをずっとやっています。それでご家族が教育されて、関わりがうまくなり、ご家族がニコニコして来院するようになると、ご本人もニコニコ顔で来るようになります。

そういうことを1999年からずっとやってきていますが、外来に来るまでの3か月間に、ご本人とご家族がさまざまな困難に直面していることを感じました。そのなかに、いろいろな出来事があったときにどういう選択をするかという問題も含まれます。つまり、認知症の自己決定というと終末期のことだけをイメージしがちですが、実は認知症とご家族の日々の日常生活は選択と決定の連続であり、選択を支援することは、長い旅路のなかで日常的なことでもあります。そのときにどんな選択をするかの話を毎回積み重ねていきますから、ご本人が望むことや考えていることは、その繰り返しのなかでおのずと明らかになります。ご家族もそれを聞いています。

そして重度になり、主に在宅診療に入っていく時点で「今後は体の合併症とのたたかいになって、やがてだいたい平均3年くらいで死に至るかもしれません」という話をしつつ、「そういうときになったらどうしますか？」と……。そのときご本人はもう、なかなか細かいところを把握することはできません。でもたぶん、まだ自己同一性はあり、何らかの自分の意思があります。

そこでご家族に、代理意思決定者として集まってもらい、大まかな方針を話し合っておきます。いよいよ食べられなくなって末期になってきたときに、具体的な医療選択を示し、話し合って決めていく──。

このように、早期から長い旅路をともに歩んできたケースでは、終末期の医療の選択においても、ご家族が代理人として機能しているため、あまり混乱することなく、スムーズな看取りができます。

ただ最近は、認知症の旅をするご本人にずっと寄り添っているご家族はあまり多くなくて……。たとえば以前は、離れて住んでいても、娘さんがずっとついて来てくれるという構造がありましたが、いまは家族の力がさらに弱まり、なかなか認知症の旅路に伴走できるご家族が少なくなりました。

そこでいま、私たちが取り組んでいるのは、軽度の人のライフレビューを作るプログラムです。軽度アルツハイマー専門のデイケアをつくり、そこで2年間かけてライフレビューを作って卒業するのです。ライフレビューを作る過程でご家族にも関わってもらい、作ったライフレビューもいっしょに見てもらいます。

親子といえども違う時代を生きているので、それぞれを知る機会はあまりありませんが、父母がそういう人生を送ってきた人だとわかります。

そして、その人の人生をよく知ることが、後の意思決定にすごく役立ちます。その後、認知症が進行したとしても、このライフレビューを持ってデイサービスに行ってもらう、さらに進行して施設に入っても周りの人にそれを読んでもらい、ご本人を理解した上でケアをしてもらう、ということを狙っています。

このライフレビューは、認知症におけるＡＣＰの限界を補い認知症の人の意思を貫くための一つのツールになるのではないかと考えています。

保健行動（健康を保持し、病気になれば健康に戻そうとする行動）の原理として、人間には本質的に変わらない部分、病状が進んだり新たな情報が加わったりしても、変わらない部分があると言われています。つまり、新しい情報を得たり、専門職の励ましや共感によって、患者さんの意思が変わる部分もあるのですが、どのようにアプローチしても絶対に変わらない根源的な部分がある。それは小さい頃の経験だったり、教育だったり、生きてきた時代だったりによってその人固有に形成されているものですが、そういう部分は変わりません。

そういう根源的な部分を、ライフレビューやいろいろなエピソードを聞くことで読み取ることができます。それが万全な方法とは思いませんけれども、そういうことを周りが知っておくことが解決策の一つにはなるかと思います。

浦島　すばらしいと思って聞いていました。さっそくうちもやりたいと思って……（笑）。手間はかかりますが、一番効果があるやり方かと思います。

成本　本当に初期の頃から関わり始めて、ずっと旅路を伴走していくというモデルだと思います。お聞きしていると、ご家族との関係調整やその延長線上には、意思決定支援がありそうな感じですね。最近は、ご本人の意思をご家族が確認できている家庭も増えてきているのですか？

2 意思の推定とメディカルホーム

内田　経験としては「胃ろうはしたくないって言ってました」と、胃ろうはわりと拒否されます。いまは点滴をするかしないかで迷うことがすごく多いですね。

いわゆる終末期医療の選択に関して事前に話し合われているケースがほとんどない一方で、いざ選択する段階になると多くの方が自分で判断することが難しくなっているため、治療の選択に困ることが多いです。

平原　私も途中から関わることはありますが、やはり難しくなります。ＢＰＳＤが出てから関わるとか、ご家族もあまり関わらないという困難事例では、なかなか意思決定は難しいと思います。

だから、もしできるならばメディカルホーム——ホームは「家」ではなく、そこにいる医療職チームと患者、家族の関係性がずっと継続していけるような関係です——で診ていくことが、ACPの不完全さを補う意味でも有効です。早い時期から自分たちのクリニックをメディカルホームにしてやりとりを繰り返していく、ということを追求すべきだとは思います。

内田　メディカルホームとは、かかりつけ医のようなことですか?

平原　「Patient-Centered Medical Home:PCMH」といって、アメリカのほうで生まれた考え方です。いわゆる医師と患者の関係を膨らませて、医療職チームと患者と家族という関係を軸にしたものです。そのなかに、いろいろなことを相談できる、アクセシビリティに取り組む、あるいは包括的にみる、継続的にみるなどが入っています。PCMHのなかでACPもやはり非常に重要で、生き方を話すということも項目としてあります。

いま在宅で療養する人は、認知症に限らず、選択ができない人が増えています。私たちの北区の調査でも、「決められない」あるいは「自分では決められないから誰かに任せたい」という人がすごく多いのです。

そこにはヘルスリテラシーの問題もあると思いますが、これからますます増える傾向にあると思います。医療や世の中が複雑になって、選択肢がたくさんあり過ぎるからです。

昔は自然の経過に任せて家でそのまま死ぬ——、選択肢があまりなかったから満足度も高かったのです。選択肢がたくさんあると、選択が困難になるし、選択した結果の満足度は下がる——、選択のパラドックスという理論がありますが、いまそんな状況になっています。

決定するためには、きちんと理解して、認識するプロセスが必要ですが、そこが容易ではありません。いまの医療情報は複雑で、知識がある医療職がやっと理解できるくらいですから、ご本人はもちろん、ご家族さえ容易ではないのが医療の事情です。

そのときにメディカルホームがあって、患者と家族と医療職チームが常に情報交換をしつつお互いの信頼を構築しながら、この人の生き方としてはこれとこれがたぶん上がってくるのではないかと、選択肢をある程度絞って提示していかないと、とても選べない複雑さがあると思います。

だから、ACPを補完するものはまさにそういうものではないかと、いまは思っています。

＼3 これからの精神科在宅医療への課題／

成本 在宅診療において精神科のニーズがあることがよくわかりましたが、これから精神科医が在宅診療に参画するためにどのようなことが課題になるでしょうか。

平原 精神科在宅医療をしたいという人たちが増えてきたときに、どうやって在宅医療に必要なコンピテンス（専門的能力）を獲得していくのかというところが、たぶんこれから課題になっていくかと思います。

かつての在宅医療もそうでしたが、たまたま病院の医療にちょっと疑問を感じたアウトローみたいな人たちが地域に出て在宅を始めたわけです。それが本流になるためには、きちんと教育システムをつくり、若い方が展望できるようなキャリアパスをつくらなければなりません。いまの精神科在宅医療がそういう時代かもしれません。これからどう学んでいったらいいかという道筋をつくっていくプロセスに入っていくのだろうと思います。

精神科がベースにあって、サブスペシャリストとしての在宅専門医の資格を取る、あるいは在宅医療のできる精神科医というスペシャル・インタレスト・レベルを設定するなど研修、多様なキャリアパス。これらをこれからつくっていけそうな気がしています。

専門医制度がようやくスタートしましたが、公的な仕組みに結びつけていくことが、医師の供給体制をつくるという意味ですごく重要です。私自身が専門医制度を制度設計して構築してきた大きな動機は、日本全国どこに行っても、誰もが標準的な在宅医療を受けられる状況をつくることです。それは、標準的な在宅医療を展開できる医師を一定数、コンスタントに育成できるシステムをつくらないとかないません。このことは若い人に在宅医になるための道筋をきちんと示すことにもなります。これまでは、どこかに弟子入りして在宅医療を学んでいたわけです。いまは、いろいろなプログラムを選択して学べるようになっています。

同じように、精神科の専門医資格を取った人が、サブスペシャリティとして在宅専門医になっていくとか、あるいはそこまでいかなくても、スペシャル・インタレストで精神科専門だけれども在宅医療もわかるという、そういう仕組みづくりをぜひやっていただきたいと考えています。それはたぶん学会と学会で共同してできることだと思います。次の大きな目標として、ぜひつくっていきたいと思っています。

内田　精神科の専門医教育プログラムに、在宅医療に関することも含めていけたらいいと思います。

成本　福岡大のプログラムを選択すれば在宅医療も学べるというところに魅力を感じて、専門医研修の先生が来られたらいいわけですね。

内田　今後はそういう方が出てきてほしいと思います。精神科医に在宅医療のことを学んでもらい「在宅」に関わってもらうということと、在宅医療をやっている先生に精神科のことを学んでいただくという、両方が必要ですね。

成本　確かに、精神科医として在宅医療に関わるコンピテンスは、たぶん試行錯誤しながら身につけてきたスキルがあると思います。そういうことを体系化して伝えてもらうことや、緩和ケアから地域の緩和ケアにというのも一つの方向性かもしれません。いまある既存の精神科の専門性と親和性があるのは、老年精神医学と緩和ケアかもしれませんから、そういったところとの共同などができるといいと思います。

PART.2

PART.2

1 精神科医による認知症訪問診療の実際
――たろうクリニックの取り組み

内田直樹
医療法人すずらん会
たろうクリニック

医療法人すずらん会たろうクリニックは、平成21年5月に開業した「はじめクリニック」を前身として、平成22年12月に法人化しました。精神科医の常勤を中心として、内科医や外科医などの非常勤医師が協働し、福岡市内を中心に約700名に訪問診療を行っています。私は、平成27年4月から訪問診療に取り組んでいます。

この章では、精神科医による認知症訪問診療の実際を、まずは当院での臨床をデータと症例を用いて示し、その後に臨床以外の取り組みについて紹介したいと思います。

初診患者データ

平成28年度の当院の初診患者数は285名で、男性が95名、女性が190名。住まいは自宅が80名で施設が205名でした。平均年齢は81・8歳で、大部分が後期高齢者です。厚生労働省の統計（平成27年）でも、訪問診療を受けている患者のうち75歳以上が89・4%となっており、大半が後期高齢者です。

キーパーソン（図1）は、「娘」さんが一番多く、次いで「息子・嫁」です。「娘婿」というキーパーソンは皆無でした。また、子ども世代に次いでは配偶者がキーパーソンで、いわゆる老老介護も多い配偶者がキーパーソンであると同程度にキーパーソンなしの場合もあり、社会的援助が限られた方たちが在宅医療の対象者に多いことも明らかになりました。福岡市は一人暮らしの高齢者が他の地域と比べて多いということも背景にあると考えます。

285名の主診断は（図2）、約8割が認知症で、あとの1割がうつ病や統合失調症などの精神疾患、残りの1割が身体疾患のみという結果でした。厚生労働省の調査（在宅医療その2）によると、訪問診療を行っている対象の病名として最も多いのが循環器疾患の48・7%、次いで認知症が37・9%ですので、統計データからも当院は

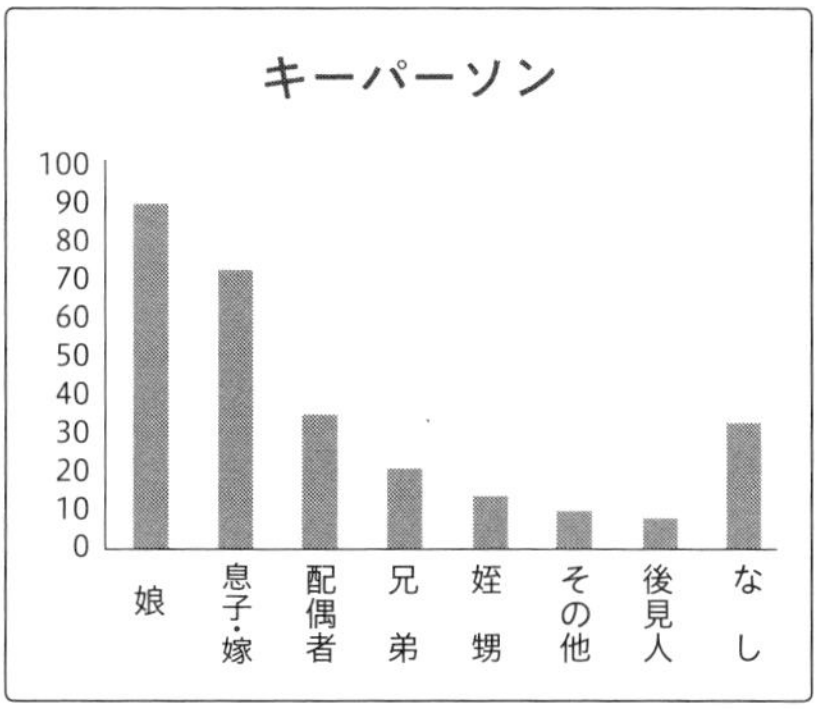

図1

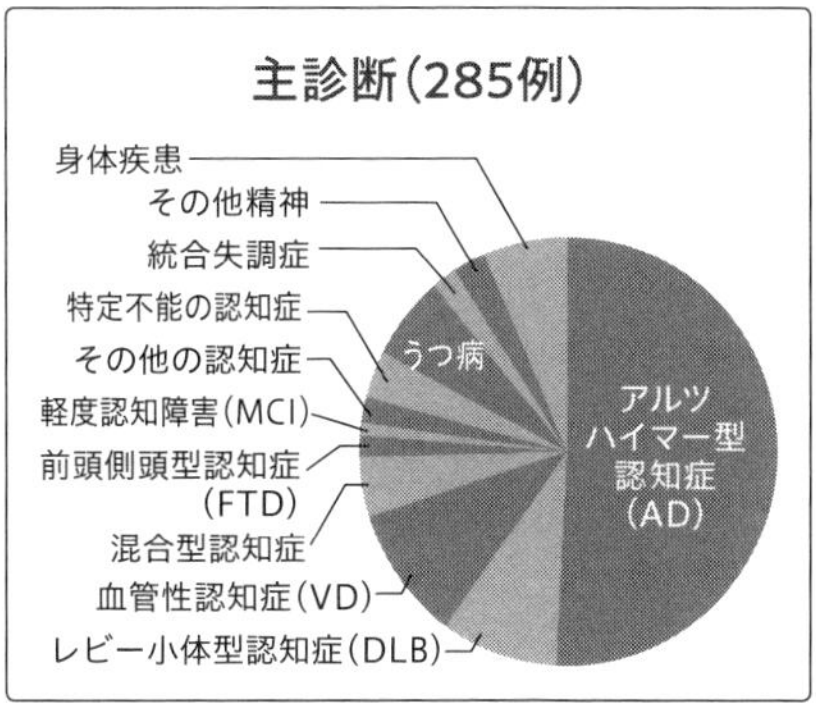

図2

一般的な在宅クリニックと比較して認知症の方がとても多いことがわかります。認知症の診断がついた２３１例の内訳（図３）は、アルツハイマー型認知症が最も多く約６割、次いで血管性認知症とレビー小体型認知症がそれぞれ１割ほどでした。この割合は、一般的なもの忘れ外来の診断データと変わりがありません。

また、当院で認知症と診断した２３１例のうち前医からの紹介状があったのが２１５例ありました。その紹介状で認知症がどのように診断されていたかを調べました（図４）。これによると、40％の人がアルツハイマー型認知症と診断されている一方、単に「認知症」という診断名が24％、そして30％の人は認知症と診断されていませんでした。このデータから、一般かかりつけ医における認知症の過少診断の現状が見て取れます。

看取り患者背景

次に、平成27年と平成28年に看取りをした症例のまと

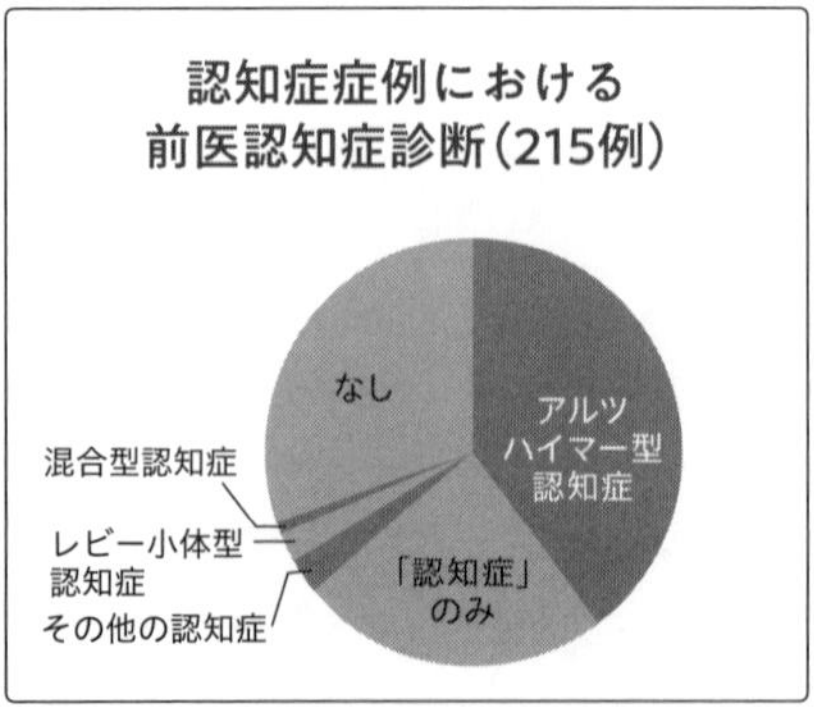

図4

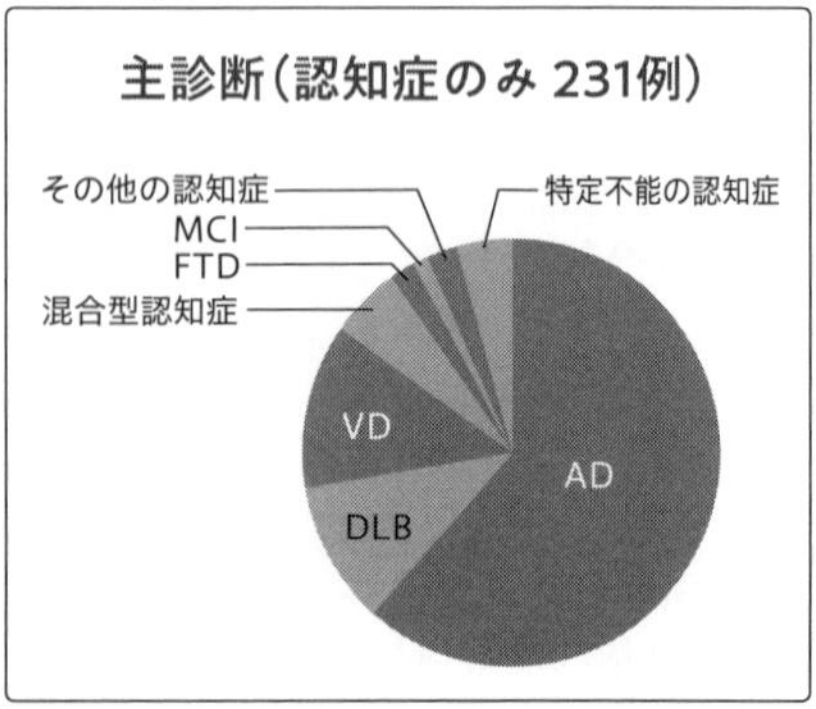

図3

めを紹介します。2年間で看取りをした56名のうち、主診断の半分はアルツハイマー型認知症で、認知症の診断がつかない方は約7％でした（図5）。認知症の病型ごとに死因をみてみると（図6）、アルツハイマー型認知症の方は老衰で亡くなることが多い一方で、血管性認知症の方は肺炎が多いなど、認知症の病型ごとに死因の傾向が異なりました。

また、病歴から認知症と診断された時期がわかったケースでは、診断から看取りまでの期間を算出しました（図7）。認知症と診断された方全体で診断から看取りまでの期間の平均は69・9か月でしたが、ここでも病型ごとに期間が異なり、アルツハイマー型認知症では80・1か月と長く、血管性認知症では26・7か月と短い結果でした。日本では同様の調査は過去にないようです。海外のデータでは、発症から看取りまでの期間が、アルツハイマー型認知症で6・6年、血管性認知症では3・3年という報告があり、当院のデータと類似しています（精神神経学雑誌 第118第11号（2016）813－822）。

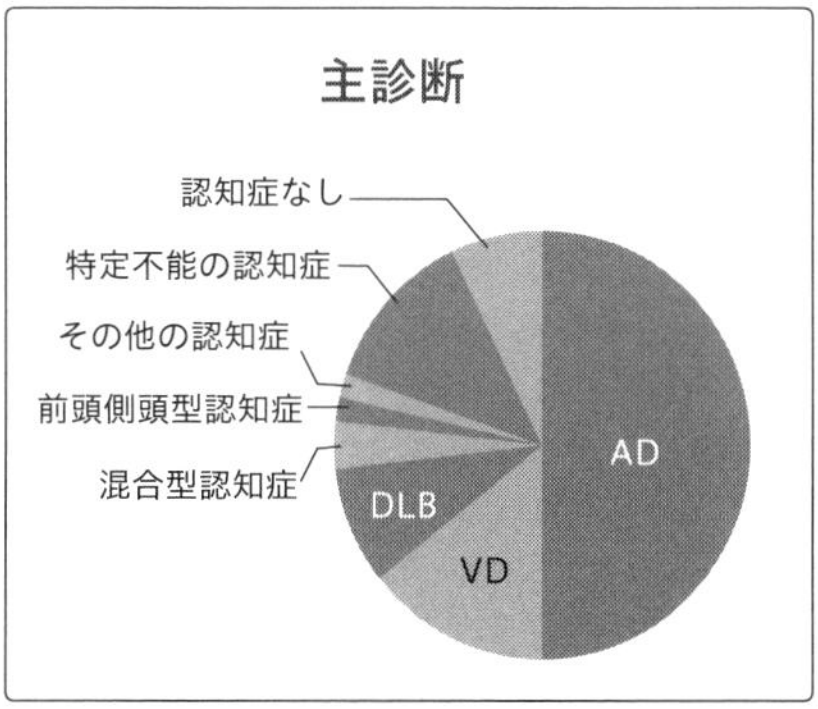

図5

認知症の病型ごとの死因

AD

死因	例数
老衰	18
肺炎	5
がん	5

VD

死因	例数
老衰	3
肺炎	4
脳梗塞	1

DLB

死因	例数
老衰	3
肺炎	1
突然死	1

図6

日本でこういったデータが過去にない理由は、専門の科が細分化されていて、診断をする医師と看取りをする医師が異なるためかもしれません。当院ではもの忘れ外来も行っていますが、認知症初期の診断から看取りまでをシームレスに診ていき、そのデータを蓄積していくことも当院の重要な役割の一つだと考えています。

認知症診断から看取りまでの期間

診断	期間(ヶ月)	例数
全体	69.9	26
AD	80.1	19
VD	26.7	5
DLB	36.0	1

海外のデータでは発症から死亡までの期間の平均として、ADでは6.6年、VDでは3.3年、DLBでは4.4年と差があることも明らかとなっている。[2)]

2) 精神神経学雑誌 第118 第11号 (2016)813-822

図7

症例

実際の診療を想像していただくためにも、ここでいくつか症例を紹介したいと思います。

症例1

Aさんは71歳の男性で元自衛官です。真面目で責任感が強く、同僚に頼られる方でした。定年後は妻と二人暮らしをして趣味の山登りなどを楽しまれていましたが、散歩で自宅近くの歩道を歩いていたところを飲酒運転の車にはねられて、脳挫傷と外傷性くも膜下出血という被害に遭いました。すぐに大きな総合病院に緊急搬送されて手術を受けましたが、左半身のまひ、高次脳機能障害（記憶障害、集中力の障害、意欲の低下など）、嚥下障害など、多くの後遺症が残りました。

リハビリ病院に転院し、3か月のリハビリで歩行器を用いて歩けるようにはなりましたが、高次脳機能障害のため自分で着替えや排泄を行うことも困難で、妻との二人暮らしは難しいと判断して施設に入所されました。しかし、施設では幻覚や妄想に伴う興奮が強く、施設職員では対応が難しい状態が問題となりました。施設からは薬を使って鎮静をかけることを提案されましたが、ご家族がこれを拒否したため施設を退所することになり、息子夫婦の家に奥さんとともに同居することになりました。通院は困難で、近くのクリニックにいったんは訪問診療を依頼しましたが、初診時に興奮が強くて血圧も測ることができず、そのために医師からその後の診療を拒否されてしまいました。困ったご家族がケアマネジャーに相談し、ケアマネジャーからの依頼で当院初診となりました。

初診の挨拶の際に私はいつも名刺をお渡しするのですが、Aさんは名刺を受け取るなり破り捨て「自衛隊にこんな奴はおらん!」と激昂されました。それでも自衛隊時代の思い出話などをお聞きしながら、じっくり時間をかけて診察の目的を説明すると、血圧や体温の測定、さらには血液検査まで行うことができました。

経過から認知症の原因疾患として脳出血が考えられ、いわゆる脳血管性認知症があるのは間違いなさそうでしたが、状態に波があり、調子がいい時と悪い時の差が一日の中でも大きいことから、せん妄状態が重なっていることを疑いました。処方されている薬の中でも、胃薬と睡眠薬がせん妄の誘因となっていると考えられたため、胃薬と睡眠薬を中止しました。すると、興奮することが急激に減り、デイサービスにも穏やかに参加できるようになりました。

症例2

Bさんは84歳の女性です。高血圧が持病で、長年近くの循環器内科に通っていました。5年前には胃がんで胃を取る手術を受けましたが、その後がんの再発はなく過ごしていました。7～8年ほど前からもの忘れが目立つようになり、それは徐々に悪化していきました。このため介護保険を申請すると要介護2となり、平日は毎日デイサービスに通うようになりました。

1人で通院が難しくなってからは夫が通院に付き添っていましたが、その夫に透析が必要になりBさんの通院の付き添いができなくなったため、ケアマネジャーに勧められて当院が訪問診療に入ることになりました。

初診時、Bさんはベッドに横たわったままで、声かけに力なく反応するだけでした。ご主人の話では、3年ほど前から昼夜逆転があり、昼はデイサービスでも寝ていることが多く、夜に活動的となり冷蔵庫の中のものを食べ散らかすため、朝に台所を掃除するのが大変とのことでした。診察時の血圧が102／63と低かったためデイサービスの記録で普段の血圧を確認すると、100～90／65～55と低値でした。内服していた血圧の薬は長年処方されているものとのことでしたが、低い血圧は認知機能の低下につながると判断し、高血圧の薬を中止しました。また、不眠でお困りということもあり睡眠薬が出ていましたが、飲ませるとふらつきが強くなるためご主人の判断で飲ませていないとのことでした。そこで、ふらつきが少ないタイプの睡眠薬に変更しました。さらに、認知症治療薬が2種類出ていましたが、効果が不明でしたので、1つを中止しました。他には明らかな神経の異常は認められませんでした。採血を行いその日の診察は終了しました。

その採血結果から、ビタミンB12の低値を認めました。これは、手術で胃を取った影響が考えられました。ビタミンB12の低下は認知機能障害を引き起こすため、ビタミンB12の内服を開始しました。すると、2か月後の診察時には起き上がり、穏やかに迎え入れてくださるようになりました。昼間に起きて過ごせるようになり、以前から趣味だった編み物を再開したとのことでした。

Bさんの場合、もともとアルツハイマー型認知症があるところに、血圧の低下とビタミンB12の低下が重なり、さらに認知機能障害が悪化し、夜間せん妄も重なっていたことが考えられました。薬剤を整理し、不足していたビタミンB12を補うことで、昼夜逆転や認知機能障害の改善を認め、ご本人も介護家族も穏やかに生活できるようになりました。

症例3

Cさんは元数学教師の男性で81歳です。奥さんを60歳頃に亡くされた後は2人の娘さんと三人暮らしでした。あまり大きな病気をしたことはありませんでしたが、血圧は若い頃から高く、自宅近くの循環器内科に30年以上通院していました。しかし、5年ほど前から病院に行かなくなりました。毎朝飲んでいた薬を飲まなくなったことに気づいた次女が、そのことを尋ねたところ、「どうもないから行かなくていいんだ」との反応でした。

同居の2人の娘さんのうち、お姉さんは保険会社に勤務し、仕事で朝早く家を出て夜遅く帰るという生活を長く続けていました。一方妹さんは、10代後半で統合失調症を発症し、その後も近くの精神科病院への通院を続けていました。Cさんは家事をする人ではなかったので、奥さんが亡くなった後はこの妹さんが基本的な家事を担っていましたが、その負担もあるのか一年に一度は調子を崩し2か月ほど入院していました。

その後、Cさんが「財布がなくなった」「泥棒に入られた」と興奮するようになりました。また、尿失禁が増えて下着とズボンを汚し、その衣服を隠すようになりました。これらの掃除洗濯も妹さんの負担となっていました。妹さんも困り果てていたところ、地域包括支援センターから連絡があり、当院の訪問に至ったのでした。

対面すると、Cさんは「自分はどうもないけどね」という反応でしたが、血圧測定などにはスムーズに応じ、認知機能の検査も行うことができました。血液検査上は、軽度の栄養障害以外は異常がなく、認知機能障害は徐々に進行していました。まひなど明らかな神経の異常はなく、経過から中等度のアルツハイマー型認知症と診断しました。

お姉さんとも連絡をとり、介護保険の申請をしてもらったところ、要介護1との結果でした。この結果を受けて決定したケアマネジャーとともに自宅を訪問し、ご本人、妹さんとケアプランについて話し合いました。初めご本人は、「自分はどうもないからいらん」といつもの反応でしたが、妹さんの負担を減らすためにも介護サービスの導入が必要であることを伝えると、納得して同意されました。

デイサービスに関しては、「そんな年寄りの集まりに行きたくない」との反応でしたので、訪問介護を導入して掃除、洗濯、調理を行ってもらい、また初診時に血圧が182／88と高かったため血圧測定の補助と記録を依頼しました。その後、毎日の血圧が170〜150／90〜80と高かったため血圧の薬を処方し、ヘルパーに内服の補助も依頼しました。

3か月ほど経過したところで妹さんから「ヘルパーさんが来てくれて家事の面では助かってるけど、毎日家に人が入ることが私には負担になっている」との相談がありました。このため、デイサービスの導入を再度検討することにしました。デイサービスに行くことで、規則正しい生活、バランスの取れた食事、人との会話、定期的な運動を行うことができ、「健康な生活を続ける要素が揃ってますよ」と説明したところ、「じゃあ見学に行ってみようか」との話になりました。見学に行ったところ、たまたま近所で仲の良かった男性が参加していることがわかり、それ以降週に3回のデイサービスに通うようになりました。

初めての訪問から2年近くが経過していますが、妹さんも入院することなく経過し、ご家族3人で仲良く過ごされています。

通院は拒否しても、訪問診療は受け入れられる理由

Cさんや、座談会で紹介した症例のように、通院は拒否するけれども訪問診療の受け入れは良好な方とたくさん出会ってきています。この理由は、いくつかあると考えています。

一つは、病識に関することです。アルツハイマー型認知症をはじめとした多くの認知症は、病状が進行すると病識が低下し、認知症であることを否定するようになります。こういった方に、「あなたは病気だから病院に行きなさい」と言っても「自分はどうもないから行かないでいい」と通院を拒否されます。しかし、病識はなくても、「どこか自分は本調子ではないようだ」という病感は多くの方にあります。このため、私たちが訪問診療において「あなたがご自宅で安心して暮らせるようにお手伝いをさせてください」とお伝えすると、「よく来てくれた」と歓迎してくださって、診察にも協力してくださるのだと思います。

しかし、訪問診療であればなんでも受け入れられるわけではありません。Aさんのケースで初めに内科訪問医が初診に入った際には、血圧測定も拒否して診察にならなかったため、医師から訪問診療を断られています。訪問診療でも外来と同じように「あなたは病気なので検査や治療をする必要があります」と、いきなり診察に入りバイタル測定をしようとすると、強く拒否されるのではないかと想像します。一般的な外来患者さんであれば自分が困って病院に来て

いるのでこの対応で問題がないのでしょうが、特に通院を拒否している方の診察をする場合には配慮が必要になります。こういった配慮や患者さんの健康な部分と治療同盟を結ぶことに関しては、精神科医が得意とするところではないかと思います。

認知症の方が通院を拒否するもう一つの理由として、病院受診の仕組みが認知症の方に優しくない、認知症フレンドリーではないことが挙げられると考えます。具体的には、病院受診をする場合、まず予約日を覚えておく必要があります。予約の日に、保険証と病院ごとに違う診察券を持って病院に行き、受付で待たされ、診察室の前でも待たされ、診察の時には医師の前での限られた時間ということで緊張し、診察後にも受付で待って会計を行い、処方箋を受け取り、今度は病院を出て薬局に行き、また薬を受け取るまでが一苦労です。このように、記憶の障害があり、注意力、集中力も落ちた認知症の方にはとても受診の負担が大きいことが考えられます。この負担の大きさから病院に行きたくなくなり、通院拒否につながるのではないでしょうか。ある方は、かかりつけのクリニックが移転改装したところ、移転前のすぐ近くなのに通院を拒否するようになりました。昔からの記憶で馴染みのクリニックには通院できていたものの、少し場所が移っただけで新たな場所を覚えることが難しく、通院ができなくなったものと考えられます。

在宅医療における精神科医の役割について

在宅医療において精神科医には、いくつかの重要な役割があると考えています。

一つは認知症の病型をきちんと診断することです。データでも示したように、かかりつけ医においては単に「認知症」としか診断されていないケースが珍しくありませんし、そもそも当院で認知症と診断したケースのうち約3割は、前医で認知症の診断がついていませんでした。また、当院での看取りのデータでは認知症の病型ごとに予後や死因が異なることが見て取れましたが、認知症の病型ごとに対応法も異なることもよく知られています。認知症の病型をきちんと診断し、患者さんとご家族に、病型に合わせた対応を説明し予後をお伝えすることは、精神科医の一つの役割になると考えます。

また、認知症診療に慣れた医師にとっては当然のことですが、認知症には改善可能な部分が多くあります。Aさんのように薬剤性などさまざまな理由で起こるせん妄もその一つです。Bさんのように降圧薬による過降圧やビタミンB12の低下でも、認知機能障害を呈します。慢性硬膜下血腫や正常圧水頭症、甲状腺機能低下症などの治療可能な認知症が見逃されていることも珍しくなく、注意が必要だと感じています。

BPSDへの対応も精神科医が得意とするところです。訪問診療ではBPSDが起きている現場に行って診察をするので、どういう状況で困ったかについて患者さんとご家族が思い出しやすく、私たちもその状況が想像しやすいので、対応を検討しやすいという利点があります。ＢＰＳＤが認知症の方の苦痛の表現の一つだという考え方もありますが、どういうことで苦痛を感じているのかについても想像しやすくなります。また、対応の工夫や環境調整でもＢＰＳＤが改善しない場合には薬物療法が選択されることがありますが、これも精神科医の得意とする役割です。

また、良好な治療者患者関係の構築は精神科医療の基本です。認知症だからといってすぐに何もわからなくなるわけではありません。認知機能障害による病気の部分はもちろんありますが、特にアルツハイマー型認知症では社会性は末期まで保たれていますし、抑制が外れて一見問題行動ばかりに見える前頭側頭型認知症の方にも健康な部分は残存しており、治療関係を結ぶことは可能です。

在宅医療においてとても重要な因子が介護者の存在です。症状が認知症のみで基本的ＡＤＬが保たれていると介護保険の要介護度が低く認定されがちですが、実際に介護する場合には目が離せずかえって介護負担が大きいこともあります。認知症の方が事件を起こすと、時には介護者が保護責任者としての役割も負わされることがあり、心身ともに疲弊しやすい状態にあります。介護者の疲弊によって施設入所をさせざるを得ない場面も多く見られます。この介護者の心理面を支えることも精神科医の重要な役割と考えます。

臨床以外の取り組みについて

認知症の訪問診療を行うことで、外来や入院の診療よりも有利な点を多く感じる一方で、認知症診療に限界も感じていました。具体的には、困難事例が相談されやすいこともあり私たちが訪問診療を行っても対応が難しい場合があること、困った時に相談されてＢＰＳＤに対して薬物療法を行うだけの役割を期待されること、私たちが精神科医として患者さんたちに自然に行うことができる適切な対応も、介護職の方たちに説明し教育をしようとすると言語化が難しいこと、訪問診療は移動時間が長くどうしても効率が悪くなりがちなこと、など多くの場面で限界を感じることがありました。これらの限界に対応する方策として、臨床以外に当院においていくつかの活動を行っているので紹介します。

見える事例検討会

一つは見える事例検討会（通称、見え検®）です。私たち精神科医が訪問診療を行っても対応困難な事例は存在します。そこで、この対応困難な事例に関して多職種で検討する方策として、見え検を毎月当院で行っています。見え検の詳しい内容に関しては、代表の八森淳先生のコラムを参照してください。当院にも毎月、さまざまな困難事例がケースとして持ち込まれ、院外から多職種の方たちに参加いただいて検討会は賑わっています。

数ある見え検の強みの中で私が特に押したい点は、必ずアクションプランを作ることです。紹介された検討事項に対して具体的にどう行動するかまでが検討会で話し合われるため、実践的だと好評です。また、事例提供者の事前準備が簡単なことも強みだと感じます。検討会の30分前に事例提供者にお越しいただいて打ち合わせをするだけで、事例提供のための細かな資料を用意する必要がありません。

２０１７年11月25日には「第７回見える事例検討会全国フォーラム」を当院が主催しました。第二部で代表の八森先生と大友路子社会福祉士が実際に見え検を行う前に、第一部として堀田聰子先生、八森先生、成本迅先生と私をシンポジストに、「認知症になっても住み慣れた場所で過ごせるまちづくり」をテーマとしたシンポジウムを行いました。堀田先生より２００９年から英国が超党派で国をあげて取り組んでいる認知症国家戦略の紹介があったことを皮切りに、認知症フレンドリーシティへ向けてのディスカッションが行われました。シンポジウムの映像は当院のホームページで公開していますので、興味のある方はぜひご覧ください。

認知症見立て研修会

現場に私たちが行き、どういったことでＢＰＳＤが生じているのかを検討しようとしても、介護者に認知症についての知識がないと私たちに伝えられる情報の質が低く、判断が難しいことを経験します。結果として、精神科医としての訪問診療が、ＢＰＳＤで困った時に相談され薬の調整を行うだけの役割になりがちです。そこで、介護者や現場で働いている医療介護職の方たちに認知症について知ってもらうことが重要と考え、上野秀樹先生にご指導いただきながら毎月当院で「認知症見立て研修会」を開催しています。この研修会には、認知症の方を介護するご家族、ケアマネジャー、訪問看護師、薬剤師、介護士、施設管理者、行政職員、大学教員、医師など、まさに多職種が参加しており、ケースを中心に認知症専門医がどのように見立てを行うのかについて学びます。ある施設職員は、以前は認知症の入居者が夜間不穏になるとすぐに薬物の追加を希望していましたが、この研修会を経験した後は「この薬が不穏の原因となっている可能性があるので、やめてみようと思うのですがいかがでしょうか」と減薬の提案をするようになりました。

ユマニチュード

私たちは精神科医としての経験を通して患者さんへの適切な対応を身につけていますが、これを言語化して人に伝え教育しようとすると難しい場合がありました。ユマニチュードは明確な理念があり、ケアの技法一つひとつに根拠があって言語化できるため、ケアを教える方法としても有用であると考えています。福岡市が「福岡１００」という取り組みの一つとしてユマニチュードを取り入れていることもあり、当院に併設する重度認知症デイケアでもユマニチュード導入プログラムに参加しています。今後、福岡市では小学生向けや公民館での研修なども検討しているということで、引き続き注目していこうと思います。

ICTの活用とオンライン診療

ICTも積極的に取り入れています。当院の電子カルテはクラウド型で、院外からでも閲覧・記入ができるようにしています。また、当院ではオンライン診療も行っています。

オンライン診療を始めたきっかけは、訪問診療の移動時間の長さでした。当院は朝9時から18時が定期の診療時間なのですが、1日の大まかなスケジュールとして朝は9時半頃クリニックを出発し昼前に戻り、午後は13時半頃出発し17時頃に戻ります。まわるルートにもよりますが、診察している時間よりも移動の車に乗っている時間のほうが長い日も多く、在宅医療の効率の悪さを感じていました。また、訪問診療では、通院困難ではあるけれども基本的な状態は落ち着いている方たちもいらっしゃいます。将来的にこういった方たちの診察はオンラインが基本となり、在宅医療の需要が減るのではないかという危機感もありました。

これらのモチベーションからオンライン診療に興味をもち、どこのオンライン診療サービスを導入するか検討していたところ、福岡市と福岡市医師会が「ICTを活用したかかりつけ医機能強化事業」を行うことを、この事業に関わるインテグリティヘルスケアの武藤真祐先生から教えていただき、私も参加させてもらうようになりました。

当初はもの忘れ外来でのオンライン診療導入を考えていましたが、その一例目のDさんが、いざオンライン診療を導入しようというタイミングで悪性リンパ腫の急性増悪により余命1か月と判明したことから、看取り間近の在宅医療でオンライン診療を行うことになりました。

実際に利用してみると、在宅医療においてもオンライン診療は非常に有効でした。具体的に感じたメリットとしては、これまで対面で診察をするか電話再診かという選択肢しかなかったのが、オンライン診療を行うことで、すぐに臨時往診に行くべきか、後日の訪問診療予定を早める対応でいいのかを判断することができました。リンパ腫が左脇にあり徐々に増大していたのですが、オンライン診療で実際の画像を見ながら手元のスマートフォンに残している前回の写真と比較して大きさの違いや表面の形状の違いから軟膏を選択することも可能でした。

また、介護をしている娘さんからけいれんが起きているという報告が夜間にあり、一般的な抗けいれん薬で対応したのですが、翌日オンライン診療をしたところ、考えていた間代性のけいれんではなくミオクローヌス様の発作で、抗けいれん薬の効果も認めていなかったため、抗けいれん薬を中止することもありました。顔を見ながら診察できることでご本人やご家族の安心感も大きいという効果もありました。訪問診療に切り替えて看取りまでの1か月間で、定期の訪問診療が4回、オンライン診療が3回で、臨時往診は看取りに行った1回のみでした。

娘さんにも、「皮膚を見てもらったり、動画でタイムリーに診てもらって相談できて、ここに先生がいなくても診察してもらえるっていうのはありがたかった」「日に日に、半日単位で状態が変わるからこそ、オンラインが良かった」と好評でした。その後お母さん（亡くなった方の奥さん）のもの忘れ外来でオンライン診療を利用することになりました。

今後どの程度オンライン診療が普及するかは診療報酬を含めたさまざまな状況に影響されると思いますが、長期的にはオンライン診療も当たり前の選択肢になっていると思います。

●さいごに

当院にて行っている認知症訪問診療を、データと症例を用いて紹介しました。多くの認知症の方が病気の進行に伴って病識が失われ通院を拒否することが珍しくないことや、高齢者は複数の疾患を抱えていることが多く、かかりつけ医として心身両面を支えることが必要となることから、認知症診療に慣れた精神科医による訪問診療が有用であると実感しています。

また、超高齢社会で認知症高齢者がますます増加する中で、認知症の根本治療はなく、認知症診療における医療の限界も感じることから、臨床以外での取り組みも引き続き行っていこうと思います。

PART.2

2 認知症の旅を支える メディカルホームと ステージアプローチ

平原佐斗司
東京ふれあい
医療生活協同組合
梶原診療所

●はじめに

認知症の旅を支援するための視点

認知症の多くは緩やかに認知機能が低下し、生活機能が低下する疾患群です。また、経過中に身体機能も低下し、多くの併存症とそれに伴う急性疾患を併発し、やがて死が訪れる致死性の疾患でもあります。

認知症の過半数を占め、病態や自然経過、治療やケアの方法が最も解明されているのがアルツハイマー型認知症（ＡＤ）です。ＡＤは発症後スロープを下るように緩やかに機能が低下する軌道をたどりますが、このスピードには大きな個人差があります。平均的には、軽度の時期が2～3年、中等度の時期が4～5年、重度から末期の時期が3年程度で、発症後おおむね10

年で死に至る疾患と考えられています。

①障害としてとらえる視点を基本に据える

ＡＤの方のもつ障害は、軽度の時期には近時記憶障害や時間の見当識障害から始まり、中等度の時期には記憶障害や見当識障害のさらなる進行、実行機能障害、失行、失認、言語障害等の中核症状の進行、そして重度の時期には排泄、起立・歩行、嚥下障害などの身体機能の障害というふうに変化しつつ、障害の程度は病期の進行とともに重くなります。

ＡＤの進行に伴う記憶障害、実行機能障害、失認、失行などの中核症状の進行は、実生活では生活機能障害として表出します。生活機能障害は、複雑で複合的な行為から、より単純な行為へと進んでいきます。具体的には、最初は仕事や社会活動、外出など高次のＡＤＬ（Advance ADL）の障害から始まり、調理や社会的手続き、金銭管理、買い物や電話をかけるなどの手段的ＡＤＬ（ＩＡＤＬ）、基本的ＡＤＬ（ＢＡＤＬ）の障害へと進行し、やがて重度になるころには生活行為はほぼ全依存となり、人として生きていくために最低限必要な食べる行為や排泄という行為にも介助が必要な状態となります。

認知症ケアにおいては、認知症を「障害」としてとらえる視点を中心に据える必要があり、リハビリテーションの理念が貫徹されていなければなりません。疾患やステージは同じでも、心身（認知）機能、活動や参加のレベル、さらには環境因子や個人因子は誰一人として同じ人はいません。これらを総合的に把握しなければ、認知症の旅路を支援することはできません。

(2) 緩和ケアの視点の重要性

認知症を進行する障害としてとらえつつ、同時にそれに伴うご本人の苦痛にも焦点をあてること、つまり緩和ケアとしての視点も重要になります。

ＡＤでは患者の身体的苦痛の緩和は主に重度以降の時期に必要となります。末期ＡＤ患者は苦痛をまったく感じていないというのはとんでもない誤解です。末期ＡＤでも古い脳（辺縁系）の機能、つまり「快・不快（苦痛）の感覚」「喜怒哀楽の情動」はある程度保たれています。苦痛の表現が困難となった重度認知症患者の苦痛を読み取り、適切なケアを提供することが重要になります。

重度の認知症では、時間についての感覚や自己同一性の感覚が失われていくため、spiritual painを生じる状況ではなくなっています。むしろ、spiritual painが最も強いのは、軽度から中等度の時期であろうと推測されます。軽度ＡＤでは、時間の感覚や未来の感覚もある程度保たれており、ＡＤの診断と説明を受けた患者は、「これから老後の人生を夫婦で過ごそうと思っていたのに、なぜ自分がこういう病気になったのか」「子どもたちに迷惑をかけるなら死んだほうがましだ」など、言語化されたspiritual painを表出することがあります。認知症の緩和ケアは認知症と診断されたその時から必要なケアです。

中等度になると時間の感覚はあやふやになってきますが、自己同一性は保たれています。患者は漠然とした不安感の中にいます。中等度の時期に頻発する行動心理徴候（ＢＰＳＤ）を、認知症患者本人が現実の世界に適応しようともがき苦しんでいる徴候であり、自らの尊厳を取り戻そうと葛藤している徴候と、とらえる視点が必要となります。

(3) 関係性の病としての認知症

近年、人の心の理解、共感、連帯、自己認識と反省、利他性、社会性など社会的認知を担う脳機能は、社会脳として注目されています。社会脳の主な所在地は前頭葉ですが、そこから大脳全体に及んでおり、1か所が一つの役割をするのではなく、1か所がたくさんの役割を担い、ネットワークによって社会的認知を担っていると考えられています。そのため、局所が障害される脳卒中などの疾患よりも、認知症などの脳全体がびまん性に障害される病気で、社会的認知が障害され、症状が顕在化します。

認知症は「関係性の病」とも言われますが、これは認知症が、ホモサピエンスの進化の中で獲得したこのような社会脳機能に大きな影響を与える病であるからに他なりません。

認知症の旅を支えるメディカルホームとステージアプローチ

(1) 私たちのめざす認知症ケア

認知症をいったん発症すれば、残念ながら認知機能や心身の機能、生活機能の障害とその進行は必須です。しかし、このような機能障害が進行しても、活動や参加のレベルの低下を最小限とし、障害をおぎなう個人因子（ストレングス）を見つけてケアに生かすこと、さらには障害を支える環境因子を強化することを継続していくケアが重要となります。

心身の障害が確実に進行していくのに対して、苦痛や関係性の問題は、医療やケアによって改善させることができます。つまり、認知症ケアにおいては、たとえ病や障害が進行しても、心身の苦痛を最小限に緩和し、大切な人たちとの関係性が深まる援助をめざすことが目標となります。

具体的には、初期のスピリチュアルな苦痛に耳を傾け、ＢＰＳＤを心の反応としてとらえ、医療とケアの両面でしっかり支えること、急性期や重度以降の身体合併症に対して、苦痛の評価を行い、適切な緩和ケアを届けることが必要です。

関係性の問題についての最大のポイントは、旅の伴奏者としての家族に対しての初期の教育的支援です。旅の伴奏者としての家族が、認知症の旅路が始まるときに、認知症についての基本的理解を深め、接し方を学び実践する機会をもつこと、深く本人を知る機会をもつことが重要となります。このことによってのみ、病が進行しても関係性が深まる援助が可能になります。

医療者やケアスタッフも、認知症の人にとって重要な環境となることを自覚する必要があります。「アルツハイマー病の権利章典」（「アルツハイマー病ケアのベストフレンドアプローチ」Virginia Bell & David Troxel）には、アルツハイマーと関連の疾患と診断されたすべての人は、「文化や宗教的伝統を含めたその人の生活史を知る人と一緒にいる」、「認知症の介護についてよく訓練された人の介護を受ける」権利があることが記載されています。[1] 医療とケアの専門職も、専門性の質を高め、その人を深く知り、関わることが重要なのは言うまでもありません。

(2) 認知症のステージアプローチ

認知症患者とその家族は、暗く長い旅路を歩いています。そして、認知症の長い旅路は、軽度から重度末期にかけて、ゆっくりとではありますが、ステージによってその様相を変え、ケアニーズも大きく変化し、ケアチームも変化していきます。認知症の各ステージで出現するさまざまな課題に対して、医療と介護のケアチームが、各ステージに必要な視点や目標を共有し、チームアプローチを行う「認知症のステージアプローチ」の考え方が重要となります（図1）。

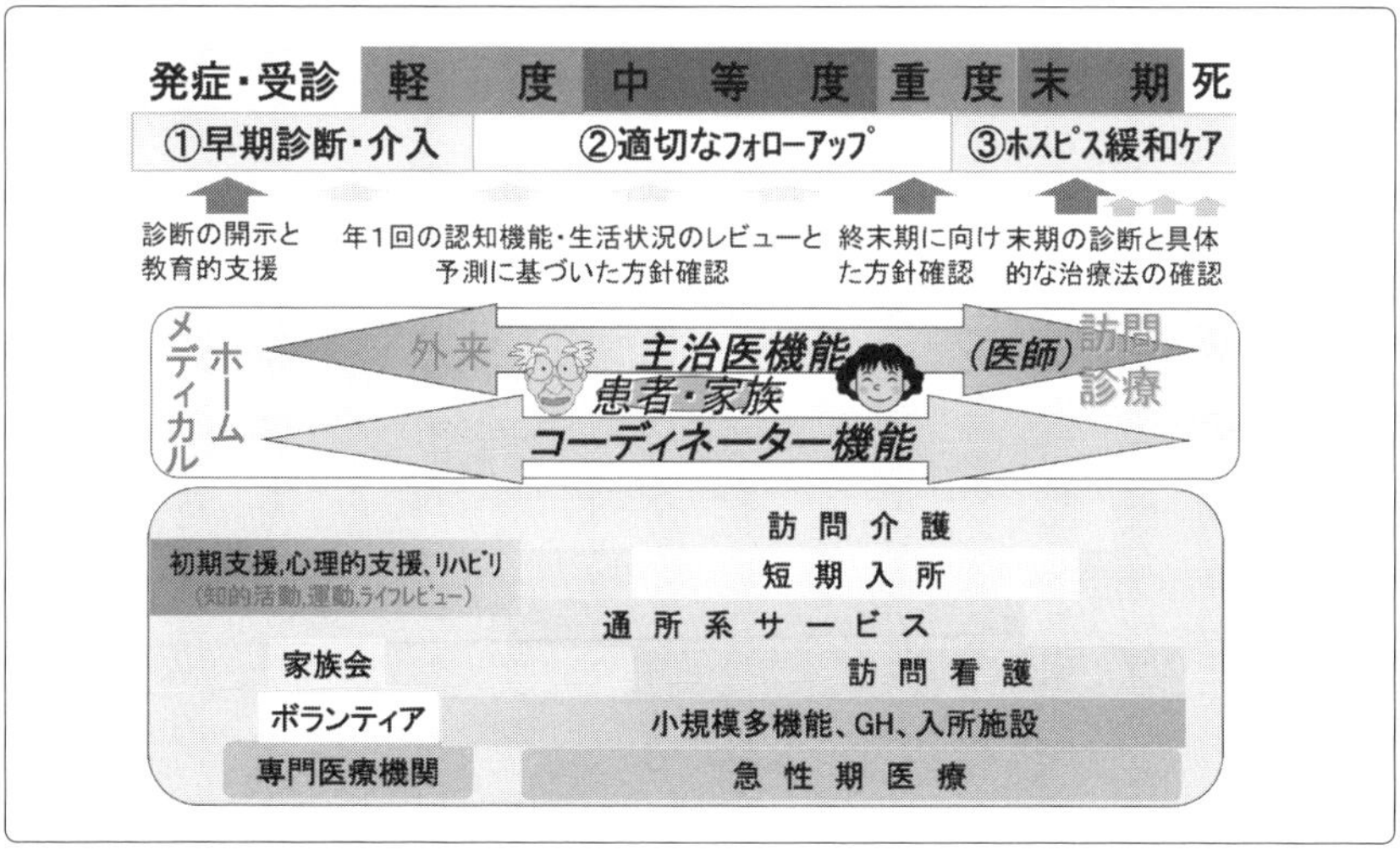

図1　認知症のステージアプローチ

私たちは、ステージアプローチのモデルとして、相談・診断から、患者さんとご家族が地域で生活をする限り、医療チームがメディカルホームとして、主治医機能とケースマネジメント機能を担い、ともに伴走し、地域の多職種チームと協働して支援する仕組みを「認知症の方とご家族を支援する包括的地域医療システム（梶原モデル）」として提唱してきました。

「認知症の方とご家族を支援する包括的地域医療システム」はどのように構築されたか？

私たちが認知症の地域医療に取り組むようになったのは、筆者が１９９７年にミシガン大学を訪れた際に、多職種で行う「ミシガン大学老年医学センター」の外来の仕組みに感銘を受けたことがきっかけでした。

日本の外来では多職種が主体的に外来診療にかかわることはほとんどありませんが、ミシガン大学老年医学センターでは医師と看護師とソーシャルワーカーの3職種が、それぞれの専門性を生かしたアセスメントを行っていました。また、日本では医師が短時間の外来を頻回に行う外来スタイルが一般的ですが、ミシガンでは、老年医学においては初診のアセスメントが診療の質の8割を決定すると考え、初診時に2時間かけてチームによる多角的で包括的なアセスメントを行っていました。

2年間の準備期間を経て、１９９９年に梶原診療所内に多職種による高齢者専門の外来「高齢者ケア外来」を開設しました。当初は医師1人とケアマネジャー資格をもつ看護師2名で初診に90分をかけて行っていましたが、現在では、医師4人、看護師、ソーシャルワーカー各1人、臨床心理士2人で、初診に60分かけて診療しています。やがて、私たちは軽度で診断した人を継続的にフォローし、ご本人とご家族が経験するさまざまな問題に寄り添い続け、重度となり訪問診療に移行し、在宅緩和ケアを提供し、自宅(地域)で看取ることを経験しました。

私たちは、診断を受けてから、地域で暮らす限り、主治医機能とケースマネージメント機能が継続的にその患者さんとご家族に寄り添い、支援する、これこそが認知症医療のあり方であると確信し、2004年に「認知症ステージアプローチ」の考え方と「認知症の方と家族を支援する包括的地域医療システム(梶原モデル)」を提唱しました。

この梶原モデルを継承し発展させたのが、2014年に開設した認知症専門クリニック「オレンジほっとクリニック」です。オレンジほっとクリニック設立時に、その活動の柱として以下の三つを掲げました。一つは認知症の包括的地域医療システム(梶原モデル)を継承し、認知症の方とご家族を、診断後継続的に支え続けるメディカルホームとしての機能です。二つ目は、困難事例へのアウトリーチ機能で、地域包括支援センター等から依頼があった困難事例(受診拒否、虐待等)に対して、アウトリーチチームが地域に赴くことによって協働して問題解決にあたります。もう一つは、LIFE PACE(通所リハビリテーション)の開設です。LIFE PACEは軽度のアルツハイマー型認知症の方を対象にした、約2年の初期支援プログラムです。

ＬＩＦＥ　ＰＡＣＥの目的は三つあり、①運動と知的活動、心理療法、全身管理、個別性に配慮されたプログラムによる認知機能障害の進行予防、②ご本人、ご家族の教育的支援、③認知症という旅の支度をし、将来に備えることです。

オレンジほっとクリニックは、設立翌年の２０１５年９月に東京都から地域連携型認知症疾患医療センターの指定を受け、鑑別診断や合併症、ＢＰＳＤの対応、アウトリーチのみならず、医療相談や地域連携の推進、人材育成、啓発など、北区の認知症疾患医療センターとしての多様な役割を担うに至っています。

認知症の初期の支援

⑴ 診断をシェアするプロセスと教育的支援

高齢者ケア外来を開設した当時、患者は中等度以上の進行した認知症患者がほとんどでした。しかし、何年かすると、認知症に関する市民の関心の高まりもあり、物忘れを心配して自ら受診する患者が増加してきました。また、この頃から日常臨床で早期診断に有用な神経心理検査や画像検査が開発され、軽度ＡＤあるは軽度認知障害（ＭＣＩ）を診断することが容易となってきました。

中等度以降の生活障害が前面に出てきている患者と異なり、軽度ＡＤやＭＣＩの患者の生活障害は軽微で、日常の基本的生活行為はほぼ自立しており、要介護認定を受け、介護サービスを利用する必要はあまりありません。その一方で、軽度の方の心理的苦悩や家族の戸惑いは計り知れず、このような軽度の方と家族に何ができるのか、何をすべきなのかは私たちの中でも大きな課題となりました。

そのころ、クリスティーン・ブライデンさんなど認知症を患った患者さんが自らの体験や精神世界を語る様子がマスコミなどで積極的に取り上げられ、認知症の医療やケアに本人の視点を重視する考えが芽生えてくる中で、診断結果を本人に告知することについても関心が高まっていました。海外では2000年以降、認知症の診断の開示「Disclosure」が患者家族にとっても、医療機関にとっても、社会にとっても有益であることが明らかにされていました。筆者も、「診断をシェアするプロセスが初期の最大の介入になる」ことに気づき、このころから私たちは、「診断をシェアするプロセス」を軽度ADやMCIの方に対しての初期の重要な介入として、明確に位置づけるようになりました。

診断後の初期の介入は、診断をシェアすることから始まります。もちろん、すべての患者に診断をシェアできるわけではありません。医師は、診断を知りたいかどうかという患者の希望に加え、患者の認知機能を見極めて、伝えるか否か、あるいはどう伝えるかを決定しなくてはなりません。

しかし、経験上、MCIはもちろん、軽度ADの方のほとんどは、診断を受け止めて、生きていく力をもっています。診断を伝えることによって、自分ひとりで抱え込んでいた苦悩を分かち合うことができ、スピリチュアルな苦悩が軽減したり、忘れることを自覚することにより、生活をコントロールしやすくなることがあります。さらに、将来のことを家族や医療者と話し合う基盤ができるなど、本人に診断をシェアすることには多くの利点があります。一方で診断をシェアする際の心理的負担に最大限の配慮を払う必要もあります。ご本人に診断をシェアするときは、キーパーソンが必ず立ち会って行うこと、告知後の自殺の75%は診断後間もない時期ですから、告知後2週間は特に厳重なフォローアップが必要でしょう。うつのある患者や若年発症例には特に留意したいところです。

家族や介護者に診断をシェアすることは、家族への初期の教育的支援の絶好の機会となり、家族エンパワメントの最大のチャンスとなります。私たちは診断が確定するタイミングで遠方に住む子どもたちも含めて、ご家族のなるべく多くの人に病状を伝えます。疾患の自然経過を説明し、ご本人が認知症の旅路のどこにいるのか、そして、今後症状や生活がどうなっていくのかという見込みとこれから何を準備していくかについても説明します。さらに、認知症の症状について説明し、日常の生活の仕方や接し方についてもお話しします。このような診断をシェアするプロセスが、患者さんやご家族にとって、初期の最大の介入となり、旅のスタート地点になります。

次に重要なのは確実なフォローアップです。私たちは、初期介入後、軽度ADやMCIの患者さんとご家族に対して、およそ3か月に1回、確実にフォローアップしています。フォローアップ外来では、ご本人、ご家族とこの間の生活や症状について丹念に振り返ります。その上で、ニーズに応じた社会資源（介護保険サービス等）の導入や環境調整、症状に応じた薬剤の調整を行うだけでなく、ご本人に生活の仕方についてアドバイスしたり、ご家族に対しても日常生活の過ごし方やＢＰＳＤへの対応法などついて納得するまで話し合うといった教育的支援を継続していきます。そのため継続外来は、ご家族にとって、ご本人や病に対する理解を深め、接し方や行動を変えていく教育的支援の場になります。

ご本人にとって家族は最も重要な生活環境なので、家族・介護者への教育的介入によってご家族が正しい接し方をするようになると、やがてご本人が穏やかな表情になっていきます。一方、家族が認知症やＢＰＳＤに関する知識を高めることにより、介護負担が軽減することもわかっています。つまり、ご家族に対する教育的介入は、ご本人だけのためではなく、介護者・家族自身のためでもあるのです。

最近では外来の場だけではなく、診断直後のご本人やご家族に〝認知症はじめて講座〟の受講を勧め、初期の教育的支援を充実させるとともに、介護者ほっとステーションなど介護者同士が学び、交流するグループを運営し、本人、介護者を継続的にチームで支援する仕組みを構築しています。

２　軽度ＡＤに対する包括的リハビリテーション～ＬＩＦＥ　ＰＡＣＥの試み～

私たちは、２０１４年に軽度ＡＤを対象とした約2年間のプログラム「ＬＩＦＥ　ＰＡＣＥ」を立ち上げました。ＬＩＦＥ　ＰＡＣＥはもともと、軽度の時期に強いご本人の心理的苦悩を支え、ご家族に対しても心理面の支援、教育的介入を行うことで、認知症の旅路の準備をしていただく場と位置づけていました。しかし、近年、軽度認知障害（ＭＣＩ）に対して、有酸素運動や知的活動などのリハビリテーション的介入により、認知症への移行を防ぎ、認知機能を改善できることが示されるようになりました。そこで、旅の準備や教育的支援に加えて、認知機能と身体機能の維持向上をめざす包括的なリハビリテーションの場と位置づけたのです。

ＬＩＦＥ ＰＡＣＥは1か月単位で主体的に計画され、およそ2年間で修了するプログラムで、心理的支援は臨床心理士が、リハビリプログラムは作業療法士が担当しています。ＬＩＦＥ ＰＡＣＥという名称は、私たちが早期の方に必要と考えたプログラムの要素、ライフレビュー（Life review）、自立／自律（Independence /Autonomy）、家族支援（Family support）、教育的支援／ピアグループ（Education /Peer group）、心理療法（Psychotherapy）、アクティビティー（Activity）、地域活動（Community action）、運動（Exercise）を表しています。

プログラムの作成にあたっては、患者のライフストーリーを手がかりに個別に考案されたアクティビティーを取り入れたり、実際の外出活動を観察し、障害を分析したり、時に自宅を訪問し、生活行為の手順やその障害を確認し、生活機能が維持できるような方法を考案・指導したりします。プログラムは週に半日ですが、個別に自主的な運動や知的活動のプログラムを作成、ご家族や地域の支援を受けながら、通所以外の日にも主体的に運動や知的活動を継続できるよう支援しています。

また、3か月に1回、本人と家族、ケアマネジャー、作業療法士、主治医等によるリハビリカンファレンスを開催、患者と家族に運動機能や認知機能の評価をフィードバックしながら、運動や活動、栄養、生活全体の問題を振り返り、定期的に目標を確認しています。

ＬＩＦＥ　ＰＡＣＥを導入した13名（男性２名、女性11名、導入時の平均年齢は81・９歳、80％が要介護１以下の認定）のＭＭＳＥは、13例中10例で増加し、プログラム開始時の平均ＭＭＳＥは19・３点でしたが、プログラム導入後６〜９か月での平均ＭＭＳＥは20・９点と平均１・６点増加しました。

また、ＬＩＦＥ　ＰＡＣＥでは、２年間のプログラム期間内にライフレビューを作成します。ライフレビューを認知症ケアに生かすことは有用です[1]。ＬＩＦＥ　ＰＡＣＥでは、認知症という診断を受けた後、患者と家族が認知症について学ぶとともに、これからの旅の準備としてライフレビューをともに作り、プログラムを修了した後もそれをもって認知症の旅に出ます。そして、未来にかかわる在宅や施設の専門職がこれをみることで、本人を深く理解した上で、本人の人生や生き方にそった最適なケアを実現することができます。

私たちはＬＩＦＥ　ＰＡＣＥを立ち上げる際、これをプログラムの軸とすることを決めました。ライフレビューの機会は、本人にとって人生を振り返り、その意味を確認するディグニティセラピーの効果も期待できます。また、認知症が進行した未来におけるコミュニケーションツールにもなります。また、家族にとっては、作成過程が本人の人生を深く知る機会となり、家族が真の代理人に成長するきっかけを与えます。現在と未来の医療・介護専門職にとっては、本人を深く知り、価値にそったケアと医療を実践するためのツールとなります。

急性期医療とACE（Acute Care of the Elderly）プログラム

認知症高齢者は、重症度にかかわらず死亡リスクが上昇すると言われており[2]、長い旅路の中で幾度となく身体合併症の発症によって危機に見舞われ、多くは認知症の末期に至る前に他の合併症で死亡します。軽度から中等度までは、循環器系疾患による死亡が多く、嚥下反射が低下し始める重度以降は肺炎などの感染症による死亡が増加します[3]。認知症では、急性疾患による典型的症状が出現しにくいこと、認知症によって適切な受診行動をとれないことが、合併症死が多い原因と推定されています。

身体合併症は重度以降で頻発するようになります。ADでは発症後約7年で失禁が出現し、その後歩行障害が出現、最期の半年〜2年は寝たきりで過ごすという経過をたどりますが、寝たきりになると、尿路感染症が3・4倍に、下気道感染が6・6倍となります[4]。重度の時期は、肺炎などの感染症や転倒・骨折などの急性期対応が増え、合併症による入院が増加します。

高齢者の肺炎はほとんどが誤嚥性肺炎で、構造的なものです。ADでは重度の時期から嚥下反射は徐々に低下しますが、肺炎の予防には就寝前の口腔ケアが重要です。歩行障害が出現しても寝たきりにせず、極力座位生活を維持すること、また栄養状態を維持するために、認知機能の障害に応じた食支援を継続することが重要です。

認知症高齢者の肺炎の急性期においては、安易な絶食を避けます。嚥下運動は、無数の小さい筋肉の協調運動によって成り立っているため、急性期の安易な絶食によって、炎症による侵襲に加えて、栄養障害と廃用によって咽喉頭筋の二次性サルコペニアが急速に進行し、肺炎が治癒しても食べる機能を喪失してしまうことが少なくないからです。急性期にも最小限の嚥下反射が保たれていることを確認したら、すみやかに直接嚥下訓練を始めるべきです。

認知症高齢者の急性期医療には、新たなコンセプトが必要です。私たちは、２０１３年に在宅後方支援のための有床診療所を建設しました。ここでは、高齢者の急性期医療の質向上のために、「Acute Care of the Elderly（ＡＣＥプログラム）」を採用しました。

ＡＣＥは１９９５年より、米国、豪州などで始まった高齢者の急性期支援（退院）プログラムで、老年医学モデルに基づき、疾病治療だけでなく、身体・心理機能、社会・環境的な背景を含む、全人的アセスメントをベースにしています。

その基本コンセプトの一つは、入院環境は高齢者にとって害を与えるものであるという前提に立っているということです。認知症高齢者にとっては生活の場を変えることに大きなリスクを伴います。入院環境は、認知症高齢者の障害された見当識をさらに混乱させ、手続き記憶によって保たれていた生活行為の遂行を台無しにし、サーカディアンリズムを狂わせ、多大なストレスを与えます。その結果、せん妄や不穏、転倒などの事故、あるいは廃用による機能低下を引き起こします。認知症高齢者の身体合併症やＢＰＳＤについては極力その人の生活の場である在宅で、早期に、迅速に解決することが望ましいものです。また、どうしても入院が必要な場合は、短期間の入院にとどめ、入院による弊害を最小限にすることが重要です。

ＡＣＥでは安全に配慮された環境と予防的介入により、入院による弊害を最小化することを狙っています。具体的には、せん妄、転倒、誤嚥、薬剤の弊害、褥瘡等について、看護師が入院時にリスク評価を行い、状態に応じて予防的対策を講じます。

二つ目のコンセプトは、ACEでは疾患の治療と同等の重きをおいて、心身の機能（認知、ADL、嚥下、栄養等）を保持・改善させることをめざすということです。我が国の高齢者の急性期医療においては、疾患は治癒しても嚥下や身体の機能が低下し、在宅復帰が困難となり、長期療養のための施設に移行する事例があまたあります。疾患をコントロールしながら、機能の低下を最小限に防ぎ、回復させる急性期医療が必要です。ACEでは、栄養的介入と身体、嚥下、認知機能のリハビリテーションは看護師、管理栄養士、理学療法士（PT）、作業療法士、言語聴覚士、ケアワーカーが協力して行います。

三つ目のコンセプトは、ACEでは入院時から生活の場、地域への復帰をゴールとしていることです。主治医から適正な時期にICを繰り返し行い、方針が確定したらケアマネジャー等在宅チームと退院調整会議を行うなど、適切な時期に多職種チームでの介入を行います。在宅環境調整が必要な場合、PTが患者とともに自宅を訪問し、住宅改修等の環境整備を行います。自宅退院困難例では、ソーシャルワーカーが施設等の調整を行います。

ACEでは、疾患だけでなく、機能や栄養に着目し、全身状態を維持、改善し、なおかつ在宅療養環境を十分整えてから在宅復帰します。そのため、患者家族の入院経過を改善し、患者のQOLを高めるだけでなく、在院日数を減らし、再入院率を減らすこと、またスタッフの満足度も高める効果があります。[5)]

認知症のBPSDへの対応とアウトリーチ

外来通院中や在宅診療中の認知症高齢者にも一定の割合で、BPSDが出現します。BPSDをきっかけに介護破綻を引き起こし、安易な入院から、長期入院になることは極力避けなくてはいけません。

一般的にBPSDは、地域においては61%に一つ以上の症状が、31%に重度の症状が出現するとされています[6]。

当院の高齢者ケア外来に通院中の認知症患者においては、BPSDなしが50%、環境改善のみで改善したケースが31%、抗精神病薬も含めた薬剤治療が必要であったのは19%、入院治療が必要であったのは1%未満でした。地域ベースでみた場合、BPSDの頻度は従来言われているほど多くないかもしれません。BPSDの出現は在宅での介護破綻の原因となりますが、早期から医療と介護が協力して総合的に対応できれば、多くの場合、入院は避けられます。

一方、地域包括支援センターはおおむね4から5件の困難事例を抱えていると言われており、地域から持ち込まれる困難事例にはBPSDの事例が少なくありません。北区は2012年に、医師会が推薦し、区が指定したあんしんセンターサポート医が、地域包括支援センターの抱える困難事例に対して、互いに協力して解決をはかる「北区あんしんセンターサポート医システム」を創設しました。私たちは制度発足後3年間に50件の困難事例のアウトリーチを行いましたが、その原疾患は、62%が認知症であり、14%が精神疾患、24%は悪性腫瘍も含む内科疾患安定化させることができます。

の増悪でした。地域包括支援センターと医療機関が協働して介入することで、多くのケースで

終末期の緩和ケア

重度から終末期においては、身体合併症が頻発するようになります。身体合併症を予防し、早期に発見し、迅速に治療を行うことで、身体状況を安定させること、苦痛に対して適切な緩和ケアを提供することがチームの目標となります。

重度認知症では、言語で苦痛を表現することができなくなっており、PAINAD などの客観的評価法を用いて、重度認知症患者の苦痛に気づくこと、原因をていねいな観察と緩和的な手段でアセスメントすることが第一歩となります。重度認知症の苦痛としては、食べられないこと、呑み込めないことに加え、繰り返す肺炎による呼吸器症状、長期臥床と低栄養に伴う褥瘡等の廃用症候群が挙げられていますが、がんの緩和ケアと異なり、認知症の緩和ケアでは基本的にていねいな看護によって苦痛を和らげることができることが多いのです。とりわけ、経口摂取ができなくなってもていねいな口腔ケアを続け肺炎を予防すること、終末期の褥瘡を予防することが苦痛緩和において重要です。

最期まで適切なコミュニケーションを図ることも認知症終末期の緩和ケアの基本となります。タクティール、バリデーション、ユマニチュードなどは、異なるコンテキストの中で生きてい

る認知症高齢者とのコミュニケーション法として参考になるでしょう。

終末期の家族支援も緩和ケアの柱となります。とりわけ、代理意思決定を強いられる家族の意思決定の支援、家族のグリーフケアは重要です。療養の場所や終末期の医療やケアのあり方について、その人らしさやその人にとっての最善について、医療者が代弁者であるご家族と十分なコミュニケーションをとることが重要となります。

●おわりに

本稿では、診断と初期支援、長期のフォローアップ（外来）、重度以降の身体合併症の管理と緩和ケア（在宅）、急性期治療とケア（入院）を切れ目なく提供する私たちの実践を紹介しつつ、認知症の旅を支えるメディカルホームの役割とステージアプローチの考え方を示しました。メディカルホームとは、患者と家族をよく知る医療チームのことを指し、ステージによって変化するニーズに対して包括的なケアを提供しながら患者・家族との間に築いていくパートナーシップのことを指します。

かかりつけ医が主治医機能を貫徹し、認知症の方とご家族にとってのメディカルホームの役割を果たしていくことが求められています。

〈引用文献〉

１）The best friends approach to Altzheimer's Care, Virginia Bell & David Troxel,1987

２）Sachs GA, Carter R , Holtz L.R. et al: Cognitive impairment an independent predictor of excess mortality . Ann Inter Med 155:300-308,2011

３）Kukull W.A'Brenner D.E′ Speck C.E et al; Cause of death associated with Alzheimer disease: variation by level of cognitive impairment before death. J.Am Geriatr Soc 42(7) 723-726 Jul 1994

４）Magaziner,J, Tenney J.H, Deforge B.et al; Prevalence and characteristic of nursing home-acquired infections in the aged. J of the American Geriatrics Society 39:1071-1078, 1991

５）Acute Care for the Elderly: A Literature Review; Population Health Management 13(4):219-25. August 2010

６）Lyketsos C.G , Steinberg M, Tschanz J.T et al; Mental and behavioral disturbances in dementia: findings from the Cache country study on memory in aging; Am J Psychiatry157:708-714,2000

PART.3

PART.3

1 在宅医療と精神科医療

―それぞれの歴史と融合

平原佐斗司

東京ふれあい
医療生活協同組合
梶原診療所

本稿では、在宅医療と精神科医療の歴史を俯瞰する中で、これからの精神科在宅医療に求められることと、その可能性について言及します。

戦前の在宅医療と精神科医療

⑴ 戦前の在宅医療

鎌倉時代の『吾妻鏡』には、医師は病者の死が近づくとその旨を家族に告げ、役割を終えたら謝礼をもらって患家を去り、その後は祈祷師や僧侶に任されたと書かれています。西洋と異なり、江戸時代以前には日本に病院はなく、当時の医療の形態の中心は往診で、医師はお供をつれて病人の家に往診するのが常であり、その対象は急病人や死にゆく人でした。

1874年の医制によって、死亡診断書を記載することが医師の役割となりました。そのため明治時代以降は、看取りに医師を呼ぶことが当たり前となり、医師による看取りの風景は、我が国の生活文化として根づいていきました。

我が国の病院の歴史は、1861年にボンベが長崎に西洋式の病院を開院したことに始まります。戦前の病院は、西洋医学教育の拠点としての大学病院と富裕層のための入院医療を提供する病院がその大半を占めていました。それ以外は、結核やらい病などの感染症や精神疾患など、社会防衛を目的とした隔離のための病院があるのみでした。庶民は学用患者としての大学病院への入院や数少ない慈善病院への入院などごく限られた場合を除けば、入院治療を経験することはほとんどなかったといいます。

(2) 戦前の精神医療

封建社会においては、寺社が精神障害者などの弱者に対して、祈りとともに、仕事を与えるなど、保護施設として機能していたといいます。しかし、江戸時代後期には共同体による監禁が始まるようになりました。

明治時代になると、近代化のために伝染病患者の隔離が急務となり、同様に精神病者も隔離の対象となりました。明治33年の「精神病者監護法」により、我が国で初めて精神障害者の処遇が法的に一律に規定され、精神障害者を自宅や小屋の一角に専用の部屋をつくり監置するという私宅監置の制度がつくられました。この制度により治安維持のために家族が精神障害者を私宅へ監禁することが義務化され、それを警察が管理することとなりました。当時、多くの精神障害者は医療が不十分な状態で自宅に放置されていたと推定されます。

旧相馬藩元藩主の相馬誠胤《ともたね》が監禁され死亡した事件（明治12年～25年、「相馬事件」と呼ばれている）を契機として、収容施設の整備拡充の必要性が明らかになりました。大正8年には精神病院法が制定され、精神障害に対する公共の責任として公的精神病院を設置する方針となりました。しかし、実際は予算が十分でなく公的な精神病院がつくられたのはごく一部の道府県のみで、精神障害者の多くは私宅での監禁を受けていたと考えられています。

当時、在宅医療と精神医療の接点があったかどうかは定かではありませんが、自宅にいる精神疾患患者の急病や看取りの際に、医師が往診して診察したり、死亡診断をする機会はあったかもしれません。

第2次世界大戦中には、食糧不足のため入院中の精神疾患患者に食べさせる食料がなく、多くの入院患者が餓死したことが記録されています。また、戦火で多くの精神病院が焼失し、食糧難を理由に多くの患者は退院させられました。戦前、数少なかった精神病院の機能も戦争によってほぼ失われたのです。

戦後の在宅医療と精神医療の歴史

①戦後の在宅医療～古典的在宅医療の終焉～

戦後の日本では、子どもや働き盛りの世代が肺炎や胃腸炎、結核などの感染病や栄養失調などでたくさん亡くなっていました。1956年になっても、日本には約3千万人の無保険者が存在し、国民が医療に容易にアクセスできる状況にはありませんでした。そんな中でも、当時の医師たちは、これらの急性疾患で苦しむ患者に対しての往診を行っていました。

第二次世界大戦の敗戦により、日本の医療は壊滅的な打撃を受け、病院の数も激減しました。戦時下に設けられた臨時医学専門部（医専）で大量に養成され、戦地に出向き、戦後戦地から引き揚げてきたこの世代の医師は一つの「団塊」をなし、医局に溢れたといいます。

その中には、医療を通じての社会運動に身を投じた医師や、地域に入り戦後の混乱期にあった日本の地域医療を支えぬいた医師が少なからずいました。

戦後、GHQの指導のもと日本の医療は再建されていきますが、1948年に制定された医療法においては、医療を提供する場は診療所か病院に限られ、往診は突発的な状況における例外的医療と定められました。

病院数は1955年には戦前のレベルを超えるまでに回復、またこの頃全身麻酔手術や各種検査法が発展し、入院医療の質が飛躍的に向上しました。一方、感染症による死亡者数は急速に低下し、1951年には日本人の死因の第一位が結核に代わって脳卒中となります。同時期に、脳卒中の早期治療の有効性についての学術的根拠が蓄積され、それまで倒れた場所（自宅）で動かさずに看病し、多くは脱水で死亡していた脳卒中患者も、救急病院で点滴などの治療を行えば救命できることが明らかになりました。さらに、1961年には国民皆保険制度が創設され、救急医療のシステム化やモータリゼーションが普及、国民が早期に病院にアクセスすることが容易になりました。このように、急性期医療における入院医療の優位性は、誰の目からみても明らかになり、医療の中心は次第に病院医療に移り、日本は本格的な「病院の世紀」を迎えることになります。

一方、それまでは医療のスタンダードであった往診は、急性期の医療としては病院医療に劣ることが明白となりました。そして、国民皆保険制度下で乱診乱療を行う〝神風医者〟という世論の批判を浴び、臨時往診を主体とした「古典的在宅医療」は急速に廃れていきます。

(2) 戦後の精神医療の転換

1950年（昭和25年）に、日本国憲法の精神にそった形で、精神病者監護法と精神病院法を修正・合体させた精神衛生法が制定・施行されました。

精神衛生法では、精神科病院の設置を都道府県に義務づけ、長期拘束を要する精神障害者は精神科病院に収容することとなり、私宅監置制度はその後1年間で廃止されました。

1961年の精神衛生法一部改正により、国は措置入院に対する国庫負担率を引き上げて、措置入院を強化拡大しました。

当時、薬剤の開発を契機に、いくつかの先進諸国で精神障害者の脱施設化政策が実行に移されていましたが、1964年にライシャワー駐日アメリカ大使が19歳の統合失調症の少年に刺された事件を契機に、精神衛生法が改正されて措置入院を主体とした精神衛生体制が強化され、私立精神病院を中心に、精神科病院の新築、増設ラッシュが起こり、我が国の精神医療はますます入院医療に傾いていきました。

現代的在宅医療の誕生と精神医療の変化

(1) 病院の世紀と現代的在宅医療の芽生え

1960年代以降、がん、心疾患、脳卒中の3大成人病による死亡が日本人の死因の多くを占めるようになりました。

すでに日本人の死因第一位となっていた脳卒中は、1965年～70年に死亡者数がピークに達します。そのような中で、1960年代には脳卒中を中心課題として、リハビリテーションのニーズが顕在化し、1963年にはリハビリテーション医学会の創立とリハビリテーションの教育機関の設立、さらに1965年には、理学療法士、作業療法士の専門職の資格制度が確立するなど、リハビリテーションの制度が整えられていきます。

一方我が国の病院は、１９５０年に医療法改正により医療法人制度が設けられて以降、都市部を中心に民間病院が急増、民間病院の病床数は１９５５年からの10年間で19万８０９６床から42万４２２４床へと倍増しています。

１９７０年代には超音波診断装置が臨床の現場で用いられるようになり、１９７５年には我が国で最初の頭部ＣＴが設置されるなど、高度医療機器が普及し、病院の急性期医療、高度医療はさらに進歩しました。国民の死亡場所は１９６０年には自宅死亡が70・7％、病院死亡が21・9％でしたが、１９７０年には、自宅死亡は56・6％と低下し、病院死亡は37・4％と増加していきます。

このような中で実際の医療現場では、急性期医療が急速に発展する一方で、救命はできたものの身体の障害を残した高齢者に対してのリハビリテーションや慢性期のケアが行き届かず、多くの〝寝たきり高齢者〟が誕生することになります。当時、福祉施設の圧倒的な不足の中で、急増した民間の病院が寝たきり高齢者の長期入院の受け皿となっていきました。そして、１９７３年の老人医療費の無料化もあいまって、結果として長期入院が常態化することで国民総医療費の高騰を招くようになり、老人病院の長期入院が社会問題化していくことになります。

１９７０年代、寝たきり老人の問題は病院だけでなく地域の課題でもありました。戦後すぐからの在宅医療・地域医療を展開していた佐藤智や京都の早川一光、長野の若月俊一に加え、東京大田区の鈴木荘一、足立区の増子忠道、町田の西嶋公子、公立みつぎ総合病院（広島）の山口昇、新潟の黒岩卓夫、諏訪の今井澄など在宅医療のパイオニアたちは、自宅や地域で暮らしたいという地域の人たちのニーズに気づき、重い障害をもつ人に計画的に往診し、急変時は24時間対応するという現代的在宅医療の形をつくり上げていきました。

日本人の死因は、1981年にはがんが脳卒中をぬいて第1位となり、やがて心疾患が第2位を占めるようになります。がんによる死亡はその後ますます増加し、日本人の健康上の最大の課題となり、それに伴い末期がんの緩和ケアのニーズも顕在化することになって、がんを中心に我が国の緩和ケアシステムの整備が始まります。

在宅緩和ケアで特筆すべきは、1977年に鈴木荘一ら「実地医家のための会」の5名がセントクリストファーホスピスを訪問し、我が国に初めてホスピスを紹介したことです。その後鈴木荘一が在宅のがん患者に初めてブロンプトンカクテル用いましたが、これが我が国の在宅緩和ケアの幕開けでした。

このように、1970年代に地域の寝たきり高齢者など重い障害をもつ患者を対象にして、そして少し遅れて増加し始めた末期がん患者を対象にして、計画的に定期的に訪問し、24時間対応するという「現代的在宅医療」の形が在宅医療のパイオニアたちの手によって創り出されていったのです。

1970年代から1980年代は、現代的在宅医療の萌芽がみられる一方で、日本人の病院死亡は増え続け、1976年には病院死が在宅死を上回り、1980年には自宅死が38・0％に対して、病院死が57・0％と逆転しています。この頃から病院で最期を迎えることが当たり前の社会となり、国民は死を身近に感じることが少なくなっていきます。

このような中で、1982年の老人保健法制定、1983年の市町村保健婦による訪問指導事業の開始など、入院偏重医療に対して軌道修正が行われ始めます。そして、1985年には、地域医療計画による病床規制が始まり、社会的入院に本格的にメスが入れられるようになります。老人病院からの高齢者の追い出しが社会問題化する一方で、1986年には中間施設としての老人保健施設が誕生、訪問看護が医療保険で初めて点数化されるなど、在宅医療の受け皿づくりが模索されます。

しかし、一方で当時の在宅医療の担い手であるべき開業医の多くが高齢化していたことなどから、在宅医療の飛躍的な普及を期待できる状況にはありませんでした。

⑵ 病院の世紀における精神医療と認知症ケア

欧米では1960年代から精神病院の病床削減が始まり、1975年頃からは病床の減少が明確になり、コミュニティケアへの取り組みが蓄積されてきていましたが、日本では同時期から精神科病床は急増、1965年には民間設立の病院を中心（9割が民間病院）に精神科病床は約17万床にまで増加、1992年には約36・2万床に達し（現在は少し減少して34・8万床）、精神科病床は我が国の病床の2割以上を占めるに至りました。

このような中で、当時、認知症の問題にいち早く気づきそれを発信したのは、わらじ医者として知られる在宅医、早川一光でした。

彼は戦後すぐの混乱期から在宅医療を始めた在宅医療のパイオニアであり、1970年代には全国に知られた堀川方式という在宅医療の先駆的なモデルを構築していました。早川は1977年に認知症の当事者中心の活動をつくるべく、家族の会を発足させています。彼は、筆者の在宅医学会誌のインタビューで以下のように述べています。[1)]

ある日、「うちのばあさん、熱が出とるから往診してくれ」という依頼があったんで、往診にいったんです。とんとんと階段を上がって中二階の部屋の前で部屋の戸を開けようとすると開かないんですね。嫁さんが、後から上がってきて、鍵を2、3か所開けて、ドアを開けた瞬間、びっくりしました。下半身丸出しで、おしっこでずぶ濡れのまま、床の間の前で座っているんです。「これは人ではない」ととっさに思いました。そして、次に思ったことは、これは普通の病気でなく、老人の病であって、20年後、30年後に津波のようにこの問題が押し寄せてくる。これは長年地域医療をやってきた僕の勘でした。

それで「呆け老人を抱える家族の会」をつくろうと思い、地域の中で認知症の患者さんがおらんか？　と聞いてみたら、たくさんいたわけです。それで、今の会長さんが、「それなら一緒にやりましょう」と言ってくれました。

ボケのことは当事者である本人と家族にしかわかりませんから、僕はただ月に1回の理事会に必ず出ていって、「よろしくたのむよ」と言っていただけですが……。やはり当事者が中心、僕にとっては、ちゅうぶ（脳卒中）であろうと呆けであろうと区別はありません。

1000床規模の巨大精神科病院による収容型の精神医療が中心であった1970年代の京都で、在宅医である早川の現場の気づきから今日の患者・家族中心の認知症ケアが始まったと思うと感慨深いものがあります。

薬物療法の進歩により、外来での治療が成り立つようになったことを背景に、精神科医療は入院中心の閉鎖的医療から、外来通院医療へと徐々に変化していきました。そんな中で、昭和50年代から60年代にかけ、地域により近い精神科診療所で活動する先駆的な実践者たちが現われました。

その後、うつ病と認知症の増加を背景に、外来の精神医療のニーズも増加しています。現在では精神疾患の患者数は300万人ですが、入院患者数は30万人であり、9割の患者は外来で通院治療しながら、地域で暮らしているのです。

さらに、1981年（昭和56年）には小規模デイケアの診療報酬が認められ、1988年（昭和63年）には精神保健法が制定、同時期に精神科小規模デイケアの認可基準ができ、精神科診療所にデイケアを付設することが可能になり、1998年（平成10年）には通院精神療法の点数が引き上げられるなど診療報酬改定がありました。

このような背景により精神科診療所が次第に増加していきますが、その中には、地域において治療とリハビリテーション、生活支援を統合して支援する多機能型の精神科診療所に発展していき、さまざまな福祉サービスとも結びつきをもって活動する医療機関も見られるようになりました。

地域包括ケア時代の在宅医療と新しい時代の精神医療

(1) 地域包括ケア時代を支える医療としての在宅医療

１９９２年は第２次医療法改正により、在宅が医療を行う場として法的に認められ、在宅医療は、入院、外来に次ぐ第３の医療と位置づけられた年で、「元祖在宅医療元年」と言われています。一県一医大構想のもと１９７３年～81年までの間に医学部定員は倍増しましたが、90年代になると、彼らは地域医療を担う医師として新たな団塊を形成しました。これにより、在宅医療を担う若い世代の医師が台頭、在宅医療に新しい風が生まれることになります。

１９９０年代には、日本在宅医学会をはじめ多くの学術団体などが立ち上がり、在宅医療の学問体系と教育システムが構築されていきました。そして、２０００年の介護保険制度の導入以降、在宅医療は政策的にも大きく推進され、地域の在宅ケアのリソースは急速に整えられていきます。そして、２０１２年の「在宅医療あんしん２０１２」を境に、我が国の在宅医療は新たなステージ、「地域包括ケア時代の在宅医療」の時代に突入しました。

我が国は２００７年に超高齢社会に突入、日本の各地域でケアが必要な人が急増する需要爆発が起こっています。そして、２０４０年頃には年間１６６万人の方が死亡するという多死社会が到来します。私たちには、急増するケアニーズを、家族機能が脆弱化する中で、そして、財政危機、労働力危機の中で受け止めなければならないという課題が突き付けられています。

このような中で、各地域の特性に応じて、医療とケアのあらゆる分断を廃し、療養の主体である個人とコミュニティーの力を最大限に引き出し、さまざまな資源を統合して地域のニーズに応えていく地域包括ケアシステムの推進を掲げることは歴史的必然となりました。

地域包括ケア時代の在宅医療は、一言で言うと在宅医療システム化の時代と言えましょう。地域での医療とケアの統合とシステム化によって、重度の障害をもつ人も、独居高齢者など家族機能の脆弱な人も地域で支え続けていくことを現実的な目標としています。

〈2〉在宅医療の対象の増加と多様化

地域包括ケア時代を迎え、在宅医療のニーズも大きく変化しています。今日まで、現代的在宅医療のニーズを急速に押し上げてきたのは、主に地域における末期がん患者の増加と要介護高齢者の増加、とりわけ認知症高齢者の急激な増加でした。

さらに、在宅医療の対象者の量的変化だけでなく、在宅医療の対象の多様化、質的な変化も起こっています。

たとえば、近年非がん疾患の緩和ケアの必要性が在宅医療においても注目されています。さらに、１９９０年以降の周産期医療の急速な進歩、極低出生体重児や超低出生体重児の救命率の改善と同時に、成長しても医療処置を受け続けなくてはならない医療的ケア児が増加するなど、小児在宅医療のニーズの増加も注目されています。

そして、認知症高齢者の増加や合併症をもつ精神科疾患患者、医療にアクセスしにくい精神科疾患患者の増加を背景として、新たな精神科在宅医療のニーズもクローズアップされてきています。

(3) 地域包括ケア時代の精神科医療

2000年(平成12年)の介護保険法の施行によって、精神科医が高齢者や介護保険対象となる認知症等の問題にも取り組める環境が整いました。

2004年(平成16年)には、精神保健福祉施策の改革ビジョンの枠組み(精神保健福祉対策本部)が策定され、今後10年で入院医療中心から地域生活中心への改革を進めるため、精神疾患に対する「国民の理解の深化」「地域生活支援の強化」「精神医療の改革」を図っていくことが決定されました。

2005年(平成17年)には障害者自立支援法が成立、地域における精神障害者の福祉サービスが整えられ、生活支援の強化が図られ、2011年(平成23年)には精神科アウトリーチ事業が開始されました。

2012年(平成24年)には、「認知症施策推進5ヵ年計画」(オレンジプラン)が策定され、このオレンジプランの柱の一つとして、早期診断・早期介入が掲げられ、具体策として認知症初期集中支援チームが創られました。ここでは認知症の人に「危機」が生じてからの「事後的な対応」ではなく、認知症の発症の早い時期あるいはBPSDが深刻化する以前に専門チームが介入すること、その一つとしてアウトリーチが掲げられています。

２０１３年（平成25年）の精神保健及び精神障害者福祉に関する法律の一部改正により、精神障害者の地域生活への移行を促進し、入院医療中心の精神医療から精神障害者の地域生活を支えるための精神医療への改革の実現に向け舵が切られました。

２０１５年（平成27年）に策定された「認知症施策推進総合戦略」（新オレンジプラン）では、認知症診療の拠点となる認知症疾患医療センターを２０１７年度末までに全国で５００か所設置する方針が立てられ、認知症疾患医療センターの役割の一つとして、アウトリーチが掲げられています。

これからの精神科在宅医療

(1) 従来の精神疾患の在宅医療

精神科医療が、入院医療から地域へシフトする中で、さまざまな支援を得ながら地域で生活する統合失調症やうつ病などの精神障害患者が増加しています。精神疾患患者が高齢化し、家族機能や社会的ネットワークが脆弱化する中で、外来診療だけでは適切な医療につながらない患者も増加しています。

このような精神障害者の在宅ニーズの増加を背景に、訪問看護ステーションからの訪問看護による介入、精神科を中心とした多機能複合体による複合的支援、さらには一般在宅医療に結びつく患者が徐々に増加しています。

〈2〉認知症の在宅医療

近年、認知症患者数が急増しており、認知症の在宅医療ニーズも増加しています。認知症の多くは外来で診療を受け、フォローされるのが通常ですが、特に旅の後半には、合併症の発症を契機に、また重度以降通院困難となり、在宅医療の対象となることが多くみられます。

在宅医療においては、認知機能障害に基づく生活障害への対応のみならず、ＢＰＳＤへの対応、身体合併症の管理など老年医学的な総合的診療能力が求められます。

北田らによると、一般在宅診療所における精神科ニーズは29・9％であり、22・2％が認知症で、残り7・7％はその他の精神疾患でした[2]。一般在宅医療においても、認知症を中心に精神科ニーズは決して少なくありませんが、認知症の医療とケアに習熟した在宅医は多くはないのです。

〈3〉アウトリーチという新しい在宅医療

従来精神科領域におけるアウトリーチは、発症後比較的早い段階で精神的危機に介入することで、精神病未治療期間（Duration of Untreated Psychosis：ＤＵＰ）を短縮し、治療効果を上げることをめざしたものでした。アウトリーチ後は一時的な入院をはさんで、病状を安定化させ、定期的な通院と生活支援に結びつけることで、地域での生活を可能にすることを狙ったものでした。

一方、在宅医療におけるアウトリーチは、独居認知症高齢者や貧困、多問題家族など社会的事情で医療にアクセスできない人が増加している社会的状況を背景として、医療にアクセスできない人たちに対して行う緊急往診であり、障害をもつ人に定期的に計画的に訪問するという現代的在宅医療のコンセプトを超えた新たな在宅医療のニーズです。

多くのケースでアクセス困難な理由は改善困難であり、その後は外来や入院ではなく、そのまま在宅医療につながることが多いのです。私たちが行っている困難事例へのアウトリーチでは、対象例の62％が認知症で、その基礎疾患としては非アルツハイマー型認知症が少なくありませんでした。また、対象例の14％が精神疾患であり、人格障害など従来の精神科医療に結びついていない精神疾患が疑われました。

今後、精神疾患患者の高齢化や社会背景の複雑化の中で、コミュニティメンタルヘルスサービスとしてアウトリーチのニーズは増加していくと予想され、地域包括ケア時代に必要不可欠な〝新しい在宅医療〟と位置づけられていくでしょう。

⑷ 精神科プライマリサービスとセカンダリーサービス　精神科在宅医療

ＷＨＯとＷＯＮＣＡは、Integrating mental health into primary care（２００８年）の中で、世界的に増大する精神医療の増大に対して、メンタルヘルスケアをプライマリケアに統合することを提言しています。つまり、我が国の精神科地域医療においても、一般在宅やプライマリケアによるメンタルヘルスを充実させつつ、コミュニティメンタルヘルスサービス（精神科医療のセカンダリーサービス）を整えることによって、メンタルヘルスサービスが最適化されると考えられます[3]（図1）。

今後の精神科在宅医療には、地域における精神医療のプライマリサービスの提供に加え、地域の精神医療のセカンダリーサービスを担うという役割が期待されます。具体的には、精神科専門医が一般的な在宅医療における精神科的課題（認知症のＢＰＳＤや精神疾患合併、家族ケアなど）や認知症の初期集中支援などにおけるプライマリのアウトリーチに対してのセカンダリーサービスを担うことが期待されるでしょう。

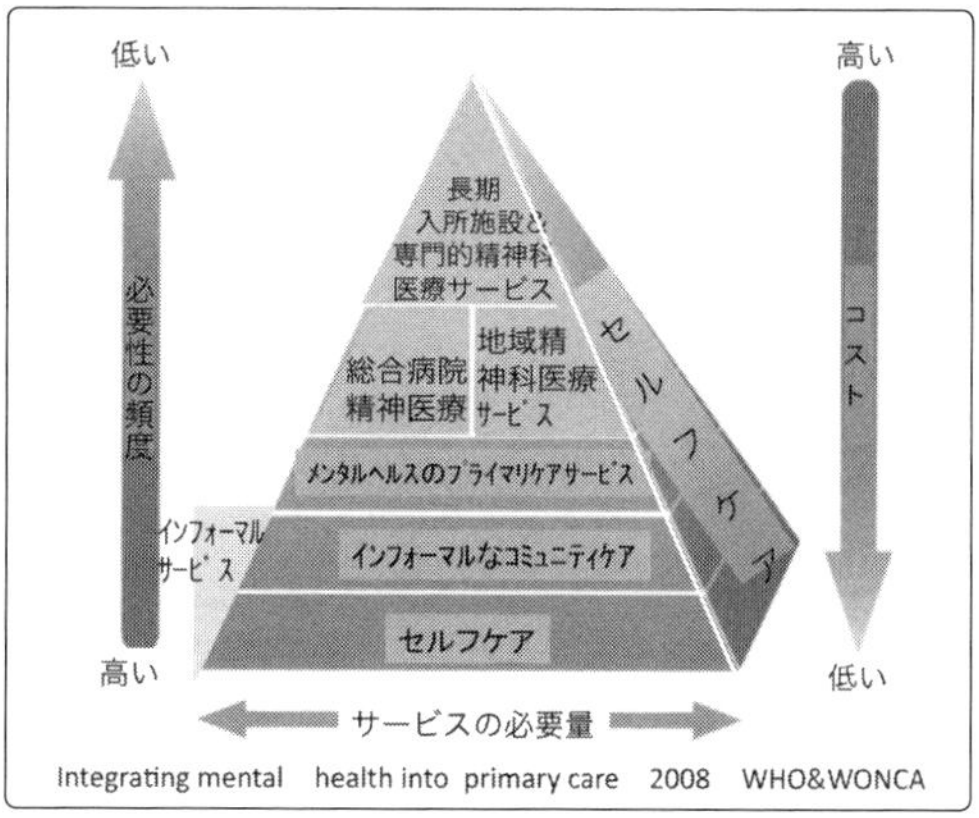

図1　メンタルヘルスサービスの最適な組み合わせのためのピラミッド

●おわりに

異なる歴史を刻んできた我が国の在宅医療と精神科医療ですが、地域包括ケア時代に入り、その歴史は交わり始めたと言えるでしょう。

メンタルヘルスをプライマリケアに統合することは、歴史的な必然と言えます。精神疾患の地域医療、精神科在宅医療のニーズが増加していることと、その臨床課題の多くは精神的問題と身体的問題が織り交ざっていることが、今後地域のメンタルヘルスの多くがプライマリケアサービスによってカバーされるべきという根拠になります。また、このようなプライマリなメンタルヘルスの充実により、アクセスビリティの改善と人権に対する尊厳をもたらすこと、さらには優れた費用対効果で健康結果を改善することが期待されているのです。[2]

一方、メンタルヘルスのセカンダリーサービスが整っていないことが、我が国のメンタルヘルスの弱点でもあります。今後、在宅医療を志す精神科医が増え、質の高いプライマリケアサービスを提供しつつ、地域のメンタルヘルスのセカンダリーサービスを担っていくことが期待されます。

〈引用文献〉

1）平原佐斗司編　在宅医療の原点　早川一光先生インタビュー　日本在宅医学会雑誌　第19巻2号　２０１８年（on printing）

2）在宅医療における身体科医と精神科医の連携モデル構築に関する研究　公益財団法人在宅医療助成　勇美記念財団　２０１４年度在宅医療助成　完了報告書
http://zaitakuiryo-yuumizaidan.com/data/file/data1_20150916062434.pdf
2018.2. 4.access

3）Integrating mental health into primary care　A global perspective WHO WONCA 2008
http://www.who.int/mental_health/resources/mentalhealth_PHC_2008.pdf
2018.2. 4.access

PART.3

2 認知症を地域で支える

早期診断・看取り、認知症初期集中支援チームの取り組みから湘南地域での啓発活動まで

内門大丈

医療法人社団みのり会
湘南いなほクリニック

はじめに

２００７年に日本が超高齢社会に突入してから10年以上がたちました。超高齢社会は医学の進歩、公衆衛生や社会保障の充実、国民の生活水準の向上などさまざまな要因によると思われます。このこと自体は喜ばしいことですが、医学的な側面からは、加齢が一番のリスク因子とされている「認知症」の増加という問題が浮上しています。日本では、団塊世代のすべてが75歳以上となる２０２５年には、認知症高齢者は７００万人を超え、65歳以上の５人に１人が認知症になるであろうとされています。

筆者は、２０１１年に「もの忘れ外来」と「在宅療養支援診療所」を2本の柱とする診療所を開設し、２０１７年４月に平塚市より「認知症初期集中支援事業」を委託されました。また、

2016年には、「湘南健康大学〜湘南から日本の未来をデザインする認知症情報発信サイト」を開設し、「湘南オレンジカフェ」を中心とした地域コミュニティーでのさまざまな活動に取り組んでいます。これらの取り組みを紹介する中で、認知症を地域で支えるためには、医療という枠にとどまらず、地域の中での多職種協働連携・啓発活動の重要性について考えていきたいと思います。

当院の紹介——「もの忘れ外来」と「在宅療養支援診療所」

湘南いなほクリニック（当院）では、開設当初の2011年から月曜日と木曜日に予約制の「もの忘れ外来」を開設し、在宅療養支援診療所として24時間365日体制で診療にあたっています。すべての医師は、プライマリ・ケアを重視していますが、常勤医の専門の診療科として精神科医1名（筆者）、麻酔科医が1名、呼吸器内科医が1名の計3名、非常勤医師が17名、専門スタッフとしては看護師が常勤3名、非常勤3名、臨床検査技師1名、臨床心理士1名、精神保健福祉士1名がいるほか、訪問診療をサポートするメディカルスタッフが4名います（平成29年12月現在）。

「もの忘れ外来」は、筆者のみが担当していますが、開設当初から現在まで557名の新患がありました。当院は、画像診断機器を有してはいませんが、もの忘れ外来の質を担保するために、近隣の平塚共済病院と連携を図り、頭部CT検査、頭部MRI検査、脳血流SPECT検査など種々の画像検査や生理学的検査を施行できます。また、画像検査依頼だけでなく、必要に応じて、疑われる疾患の診断・治療を得意とする医療機関を紹介しています。

当院の在宅医療の特徴は、もともと施設への訪問診療を中心に行っていた診療所を継承した関係から、施設への訪問診療が80～90％と多くを占めています。最近では、特に認知症や老年期精神疾患を中心に、居宅での在宅医療の取り組みを展開しています。がんなどを中心に在宅医療を行う在宅療養支援診療所はどこの地域でも一定数はあると思いますが、認知症や精神疾患などを中心に在宅医療を行う診療所は非常に少なく、横浜市健康福祉局のアンケート結果でも、精神科を標榜している診療所は2・8％と低くなっています。[1]

認知症医療の現状

認知症（アルツハイマー病）で医療機関にかかる人の数は年々増加しています。1996年に医療機関へ受診した人は2万人でしたが、2011年には36万6千人とおよそ18倍になっています。[2]

このような状況を踏まえ、国家的な施策として、2015年1月に策定された新オレンジプラン[3]の中で、認知症高齢者対策として認知症疾患医療センターを2017年度末までに全国で約500か所整備し、認知症初期集中支援チームを2018年度からすべての市町村に設置するなどの認知症対策を推し進めています。さらに、認知症サポート医養成研修の累計修了者数は、2017年度時点で5991名となっています。[4] ですが、認知症サポート医が実際に認知症診療に対して十分な知識をもち、熱心に取り組んでいるかどうかは個人差があり、いまの時点では十分な質が担保されているというわけにはいかないと思います。では、学会で定めた認知症専門医数を見てみると、2017年12月時点での全国の日本老年精神医学会専門医数は891名[5]（HPより筆者調べ）、日本認知症学会専門医数は1130名[6]（HPより筆者調べ）で、合計しても2021名にしかならず、十分に足りているとはいえません。

当院のある平塚市の認知症関連の医療・介護サービス等の資源に関して目を向けてみたいと思います。ここで一番の要になるのが地域包括支援センターです。平塚市では2017年度より13の地域包括支援センターが設置され、1人の認知症地域支援推進員が配置されています。これにより、ご本人もしくはご家族が認知症で困っているときにどの医療機関に相談し、どのような介護サービスにつなげればよいかアドバイスを受けることができます。平塚市では、認知症疾患医療センターはありませんが、近隣の東海大学医学部附属病院神経内科にセンターが置かれています。2次救急病院としては、平塚共済病院、平塚市民病院があり、2017年7月には済生会湘南平塚病院が新たにリニューアルされました。精神科病院としては富士見台病院、平塚病院の2か所があり、脳神経外科や神経内科の医師による診療所もいくつかあります。しかし、いずれの医療機関も認知症に特化したものではなく、当院が開業した2011年から2018年の4月に8年目を迎える現在も、同地域で「もの忘れ」を専門とする外来は一向に増えず、「もの忘れ外来」のニーズは高いままの状況が続いています。また認知症サポート医に関しても、もともと1人の医師がいましたが、新たにサポート医に認定されたのは筆者のみです。つまり、サポート医にも専門医にも十分に頼ることができない平塚地域では、かかりつけ医がその役割をもつことが期待されます。そして、将来的には、かかりつけ医が認知症診療に対して積極的になれるような仕組みをつくっていく必要があると考えています。

認知症の早期診断とプライマリ・ケア

認知症を早期に診断することは、その後の医療的な面・介護的な面のみならず、ご本人のさまざまな意思決定支援の側面からも有意義と考えています。筆者自身は、認知症専門医というスペシャリティを備えたプライマリ・ケア医であることを志向しています。１９９６年、米国国立科学アカデミー（National Academy of Sciences, NAS）が定義したプライマリ・ケアには、ＡＣＣＣＡという五つの理念があります。[7] 日々の臨床の中においても、このＡＣＣＣＡという概念を常に念頭において臨床にあたっています。ＡＣＣＣＡは、Accessibility、Comprehensiveness、Coordination、Continuity、Accountabilityの頭文字をとったものです。たとえば、Accessibilityは近接性という意味ですが、患者さんとの関係が地理的にも精神的にも近い距離にあることが早期介入をしやすくするということがあります。また、昨今いわれている生活習慣病が認知症のリスクになることを考えると、予防も含めて包括的（Comprehensiveness）にみていくことは大切です。さらに、典型的なアルツハイマー型認知症であれば、自院で診断することもできるかもしれませんが、専門医との連携、つまり協調性(Coordination)により、認知症診断の精度が上がると考えています。かかりつけ医であれば、軽度認知障害（ＭＣＩ：mild cognitive impairment）であったとしても、定期的にかかりつけ医としてフォローしていく継続性（Continuity）は必要ですし、認知症領域の知識を拡充するための生涯教育、また患者さんへの十分な説明という点で責任性（Accountability）も重要です。早期診断をして、ご本人・ご家族に説明していくことが治療の出発的になると考えています。

認知症の在宅医療——待つ医療から動く医療へ

当院は開設当時より、在宅療養支援診療所の届け出をしています。２０１７年12月現在、訪問診療を行っている患者数は３２０名で、年間約50人程度の看取りを行っています。当院と同様の在宅療養支援診療所届出数はおおむね増加から横ばい傾向にありますが、基本的には、１～９人の訪問診療を行う医療機関が最多であり[8]、在宅医療はまだまだ十分に機能しているとはいえないと感じています。また、在宅医療機関における半年間の看取りの中央値は2件であり[9]、これに比べると当院の看取り件数は多いと考えられます。前述の当院の紹介でも記載したように、当院は内科とともに老年精神科を標榜しており、精神科医で認知症専門医である筆者が院長を務めている医療機関です。特に、認知症や老年期精神障害の人のアウトリーチに長けているという特徴をもっています。

新オレンジプランの7つの柱のうちの一つに、「認知症の容態に応じた適時・適切な医療・介護等の提供」というものがあります。[3] これは、認知症の容態の変化に応じて、シームレスにふさわしい場所で医療・介護等が提供されることをめざしています。ここでは、入院・外来という場しか設定されていませんが、ここに在宅医療が入ることで、入院・在宅医療・外来という循環型の仕組みができると考えています。

認知症は経過が長く、認知症の進行に伴い必要な医療が変化していくと言われています。[10] 一般的には、認知症（中核症状・周辺症状）に関する医療依存度は中等度にピークがあり、高度、終末期になるにつれて下がってくると考えられ、身体に関する医療依存度は終末期になるにつれて増していき、ここには間違いなく在宅医療が必要となってきます。認知症の行動・心理症状（ＢＰＳＤ：Behavioral and Psychological Symptoms of Dementia）が出現した場合、環境調整やケアや対応の工夫で改善できますし、ご家族がご本人を外来に通院させることができれば、そこでさまざまなアドバイスや薬物治療を行うこともできます。ご本人が受診拒否をしている場合などは、強制的な形で精神科病院への入院を余儀なくされてしまうか、ＢＰＳＤのために身体合併症を増悪させてしまう形で総合病院へ入院してしまうことが考えられます。しかし、往診などのアウトリーチ機能をもっている場合には、在宅での治療や介入が可能となり、入院を回避することができます。身体合併症による入院を避けることは、認知症の人のリロケーションダメージ(環境変化に伴う精神的負担等)を回避するという点でも重要であると考えます。

認知症の在宅医療を考えるときには、ご本人の精神状態の安定を図るだけでなく、日常の身体管理が重要になってきます。認知症には多くの種類があり、各々の臨床症状および自然経過に精通する必要があります。たとえば、レビー小体型認知症（DLB：dementia with lewy bodies）であれば幻視・パーキンソニズム・認知機能の変動などに加えて、尿失禁、便秘、低血圧、失神発作などの自律神経障害が認められることがあるといったことです。さらに、どの認知症であっても、比較的早い段階から、自身の苦痛や不調を適切に表現できないことが多いと考えられています。そのため、認知症高齢者の身体的諸問題にも精通する必要があります。慢性疾患の管理、急性疾患への対応、また身体合併症がBPSDを悪化させていることもよく経験していますので、このような観点からも大切であると考えます。基本的なことですが、普段からバイタル測定や聴診・触診といった診察をしておくと、様子がおかしいとの報告があったときに、普段との違いを判断しやすくなります。やはりご本人への持続的な興味・関心・観察による病状変化の気づき、そして、家族・介護職員・看護師・ケアマネジャーといった多職種から意見を聞く姿勢が最も大切だと考えています。

当院の訪問診療患者が2015年4月1日〜2016年2月10日の期間に、緊急入院に至ったケース106例の診断に関して以前報告しました。[11] 最も多いのが肺炎で、骨折、尿路感染症、蜂窩織炎、その他の皮膚感染症と続き、脳梗塞など脳病変により入院に至ったケースもあります。その他にもさまざまな領域の身体合併症を伴うため、これらについてしっかりと理解し、適切にトリアージ（緊急度判定）をする必要があります。

認知症在宅医療でかかりつけ医に求められるものという視点でまとめたいと思います。認知症の人の入院（ＢＰＳＤ・身体合併症）を回避するためには、在宅医療による介入が効果的です。認知症の訪問診療を積極的に行う専門医は少ないため、かかりつけ医がその役割を担うことが期待され、ＢＰＳＤと身体疾患をバランスよくみることが期待されます。また、健常者からＭＣＩへの移行ならびにＭＣＩから本格的認知症への移行の両方を予防することも、かかりつけ医の役割だと思います。かかりつけ医が認知症のゲートキーパーになるために認知症サポート医の養成が進んでいますが、それを補完する意味で、日本認知症予防学会の専門医制度の取り組み[12]には注目しています。

認知症の緩和ケアという視点からのアプローチ

〔1〕緩和ケアとは？

ＷＨＯでは緩和ケアを「身体的、心理的、そしてスピリチュアルな痛みと苦悩の予防および緩和」であり、「命を脅かす病気で悩む患者と家族のＱＯＬを改善する方便」と定義し、そして「最終的に死に至る病の過程で可能な限り早くから開始すべき」としています[13]。がんに関しては、これまでも緩和ケアという文脈で語られることが多かったと思いますが、認知症を含めた非がん疾患の緩和ケアへの対策は十分でないと思われます。１９９０年代にスウェーデンのベックフィリス博士が、認知症の緩和ケアの概念を確立したと言われています[14]。

〔2〕日本での認知症緩和ケアの現状

全米ホスピス・緩和ケア協会による2013年の集計では、第1位はがんの36・5%、次いで認知症15・2%、心疾患13・4%、肺疾患9・9%となっています。一方、2011年の日本緩和医療学会の緩和ケアチーム登録データ（全国393施設）によると、同チームへの依頼件数の97%をがん患者が占め、非がん患者は2・5%、小児が0・5%となり、そこには認知症は含まれていません。[15]

〔3〕包括的がん医療モデルと認知症医療モデル

包括的がん医療モデルと認知症医療モデルは非常に近いものであると考えています。がんの緩和ケアは診断がついた時点から始まるとされていますが、認知症も同様に早期からのアプローチが必要だと考えています。しかし、実際何が違うかということになると、認知症の罹病期間は多くの場合、がんよりも長期になります。がんは診断告知が原則とされますが、認知症の診断告知に関しては、認知症発症年齢やどの時点で診断されたかなどで、告知をどのようにすべきかさまざまな意見があります。さらに、がんの場合は、多くは進行してからでも治療方針に関して自己決定が可能ですが、認知症の場合は、進行してしまうと理解不能となり、自己決定の保障は不可能となるため、代理意思決定が重要となります。通常かかりつけ医は、その人が認知症になる前から主治医であるため、認知症緩和ケアの担い手はかかりつけ医に期待されると考えています。

(4) 認知症末期の苦痛

認知症の末期にある患者は、自分の苦痛の原因を言葉で表現できなくなりますが、平原らによる[16]自宅で看取りを行った認知症終末期の苦痛についての調査では、47例のうち、やすらかは16例（50%）、少し苦しそう11例（35%）で全体の85%となっています。苦しそうは2名（6%）、不明無記入3名（9%）でした。つまり、認知症の在宅看取り例では、苦痛の程度を観察からしか読み取ることはできませんが、認知症末期の苦痛は比較的穏やかと考えることができます。つまり、かかりつけ医が、通常の診療の延長線上で看取ることができると考えています。

当院が、4年間（2011年4月〜2015年8月）で看取りを行った127名のうち、認知症＋がんの方は27症例あり、4人に1人の割合になっています。全般的に、がんを合併しても他覚的（外見的）には苦痛が少ないと思われる症例がほとんどですが、認知症の人を最後まで看取るためには、やはり、身体的なものもいっしょに診ていくというかかりつけ医としてのスタンスが必要であると考えます。認知症で亡くなる方の主たる死因は呼吸器疾患や循環器疾患、あるいは老衰がほとんどと考えられました。

⑤ 認知症の進行に伴う必要な緩和ケアがある

認知症は経過が長く、認知症の進行に伴い必要な医療が変化していくということは、認知症の各ステージで必要な緩和ケアがあると考えられます。がんとは異なり、認知症のサポートは長期間にわたります。そのため、中核症状や周辺症状などの認知症そのものに対しての緩和ケアが必要な時期を経て、終末期には、身体的な苦痛に対しての緩和ケアが中心になっていきます。

アルツハイマー型認知症の進行度をみるFAST（Functional Assessment Staging）で、認知症初期（FAST stage3,4）、中期（FAST stage5）、後期（FAST stgae6）、終末期（FAST stage7）という段階に分類してみました。まず、初期の段階で大切な緩和ケアの基礎は、正確な診断と説明だと考えられます。そして、治療者がどんなときもご本人といっしょに伴走し続けるという姿勢が大切です。若年性認知症で、経済的な援助が必要な場合には、社会資源活用などについてもアドバイスする必要があります。認知症中期になると、BPSDが強く出る人に関しては、環境調整やケアのあり方を工夫しながら、ご本人・ご家族への精神療法、適切な薬物療法が、緩和ケアの中心になるといえます。また合併症治療が必要な場合もありますが、自らの症状をきちんと述べることができないため、普段からきめの細かい身体診察をする必要があります。この時期には、まだまだ身体的には元気な方が多いのですが、訪問看護師導入や通所サービスを利用するなど多職種によるサポート体制をつくっておくことが重要です。認知症後期では、介護が必要な時期になってきます。着衣、入浴、排せつなどにおいて、人の手を借りなければうまくいかないことがあります。この時期においても、以前から関わりのあるスタッフはご本人のニーズをうまく汲み取ることができると考えられます。認知症終末期は、身体衰弱期、回復不可能な経口摂取困難な時期と言い換えることができます。この時期には、ご本人の老衰をご家族が受け入れられないこともあり、ご本人の苦痛の緩和を図ることに加えて、ご家族への支援も大切になります。また死期の近いご本人をめぐって、援助者側もさまざまな感情が出てくるため、多職種チーム内での意見のすり合わせも重要になってきます。

このようにみてくると、認知症の緩和ケアは普段の診療の延長線上にあると考えられます。病初期から10数年にわたるご本人・ご家族への緩和ケアの提供を考えたときに、治療者側が先に緩和ケアを提供できなくなる可能性もあります。そのように考えると、一貫して大切なのは、認知症の緩和ケアの4本の柱、つまり、「症状の観察と緩和」「コミュニケーション」「家族の支援」「チームアプローチ」であり、認知症が長期にわたる疾患であることを考えると、ひとりの「かかりつけ医」が一貫してみていくなどという驕りをなくして、地域全体で、多職種でみていくという姿勢をもつ必要性があると思います。

平塚市認知症初期集中支援チームの現状と課題

⑴ 認知症初期集中支援事業の新オレンジプランの中での位置づけ

新オレンジプランの基本的な考え方とは、「認知症の人の意思が尊重され、できる限り住み慣れた地域のよい環境で自分らしく暮らし続けることができる社会の実現を目指す」というものです。[3] そして、認知症初期集中支援事業は、新オレンジプランの二つ目の柱の「認知症の容態に応じた適時・適切な医療・介護等の提供」の早期診断・早期対応のための体制整備、四つ目の柱の「認知症の人の介護者への支援」として位置づけられています。

このような背景の中、２０１３年全国14拠点でモデル事業が始まりましたが、２０１８年にはすべての市町村に設置されることとされています。当院では、２０１７年4月より平塚市より認知症初期集中支援チームが委託され始動しています。

⑵ 認知症初期集中支援チームとは？

認知症初期集中支援チームとは、医療・介護の専門職がご家族の相談等により認知症が疑われる人や認知症の人およびそのご家族を訪問し、必要な医療や介護の導入・調整や、家族支援などの初期の支援を包括的、集中的に行い、自立生活のサポートを行うチームです。ここでポイントとなる〝初期〟とは、「①認知症の発症後のステージとしての〝初期〟」と「②認知症の人へのかかわりとしての〝初期〟の両方の意味をもつとされています。当院の初期集中支援チームは始まって1年もたちませんが、実際に相談されるケースは発症間もないという意味での初期の方は少なく、処遇困難例の方が多いのが現状です。

平塚市におけるチーム員の構成は、医師1人と看護師3人、介護福祉士1人となっており、湘南いなほクリニックに所属しています。

(3) 平塚市認知症初期集中支援チームの活動内容〜相談の流れ〜

ご本人・ご家族・民生委員・ケアマネジャー、介護保険事務所、薬局、医療機関などから、地域包括支援センターが相談を受けます。月に1度開催する対象者選定会議に、ご本人またはご家族に同意を得た上で情報をあげ、支援の是非を決定します。その後、初回訪問を原則チーム員2名（医療系職員1名、介護系職員1名）と地域包括支援センターの認知症地域支援推進員とともに初回訪問を行います。その後、チーム員会議において、当該対象者のアセスメントを医療・介護の側面から行い、初期集中支援につなげていきます。支援対象の選定で注意すべきこととして、変性疾患の中には、初期の場合、記憶障害がほとんどなく精神症状が前景に立っていることがあります。どんなに内因性精神疾患のように見えたとしても、簡単に支援対象者として除外する姿勢は、見落としがあると考えています。また、当院は在宅療養支援診療所でアウトリーチ機能をもともと備えているため、訪問診療という形で、専門医が診断のための訪問をすることが可能になります。医療・介護サービスに適切につなげた後には、引き継ぎの2

か月後にサービスの利用状況などを評価し、必要性を判断の上、随時モニタリングを行うことにしています。なお、訪問支援対象者に関する情報、観察・評価結果、初期集中支援の内容等を記録した書類は5年間保管しておきます。

(4) 平塚市認知症初期集中支援チーム対象者の基本情報

２０１７年４月～12月末までの９か月の期間中の新規相談件数は71件で、そのうちケースとして選定されたものは36件でした。選定対象外のケースは、主にご本人もしくはご家族の同意が得られないか、地域包括支援センター内で事前にやれることがあると判断したケースでした。36件のうち相談経路としては、ご家族が21名、ご本人・ご家族１名、民生委員４名、近隣住民１名、ケアマネジャー２名と続き、その他医療機関、高齢福祉課などからの相談がありました。支援対象者の年齢・性別は、男性16名（44％）、女性20名（56％）であり、平均年齢はそれぞれ79・１歳、79・８歳でした。また全体では、最小年齢63歳、最高年齢は95歳でした。対象支援者の世帯状況は、独居14名、夫婦のみ10名、子どもと同居３名、子ども夫婦と同居２名、配偶者・子どもと同居６名、その他１名でした。独居や夫婦のみの世帯では、当然配偶者も高齢であり介護力が弱いと考えられますが、若い子ども世帯と同居しているにもかかわらず、認知症のために行き詰まっている世帯も多くみられました。また支援開始時に主治医がいるケースは17名（47％）でしたが、主治医がいるケースでも、認知症に対しては何も対策がなされず通院が不規則なケースが多くありました。なお、介護保険未申請のケースは25名（69％）でした。介護認定されているケースでも、ほとんどのケースは介護サービスの利用がありませんでした。

(5) 平塚市認知症初期集中支援チームの対象者の特徴

認知症初期集中支援チームが関わる中で、対象者の特徴が浮かび上がってきました。彼らの多くが病院への受診や介護サービスを拒否しており、認知症の診断・治療を受けていないか、中断をしているケースがほとんどです。また、医療を拒否する背景には、病識欠如や暴言・暴力・幻覚妄想などのBPSDが強いことがあります。さらに、一部の対象者の中には、認知機能低下により部屋の片づけができなくなり、ごみ屋敷と呼ばれるような劣悪な住環境にいる場合もあります。なお、認知症の診断は、アルツハイマー型認知症20名、レビー小体型認知症1名、軽度認知障害3名、老年期認知症（診断がはっきりしない）2名、老年期精神障害2名、アルコール関連認知症1名、脳血管障害に伴う器質性精神障害1名、未診断6名でした。

(6) つなげた医療機関

36名中つなげた医療サービスは、当院の訪問診療（14名）、当院のもの忘れ外来（4名）、他総合病院（1名）、精神科入院（1名）、精神科以外の入院（2名）、施設の嘱託医（1名）、もとのかかりつけ医（1名）、なし（5名）、支援中（6名）、かかりつけ医＋当院の外来（1名）でした。約半数の支援ケースが当院につながっています。認知症初期集中支援事業は、そもそも介護サービスにもつなげていくことを目的としているため、介護の必要がないケースとどうしても理解が得られないケース以外は介護保険申請をしています。支援後の介護認定を受けられた人数は段階によってさまざまですが、地域住民の見守りなどインフォーマルなサービスにつながった方も16名ありました。

⑦ 平塚市認知症初期集中支援チームの現状と課題

認知症初期集中支援チームの設置は、早期に認知症の鑑別診断が行われ、速やかに適切な医療・介護等が受けられる初期の対応・体制を構築することを目的としています。しかし、実際に選定されたケースは中等度以上の認知症が大多数です。

当院は前述のとおり、もともと在宅療養支援診療所であり、往診などを含めたアウトリーチ機能に長けています。24時間365日体制での電話対応が最初から整備されていることもメリットであると感じています。しかし、介入困難例に関しては、自院で往診介入することが多く、ケースが安定した後には、かかりつけ医などの医療機関につなげていく必要性を感じました。当たり前ですが、対象が困難事例であるからこそ支援チームにつなげたわけであり、一時的に医療・介護サービスにつなげたとしても、継続支援をし続けるためには、地域でネットワークの輪を広げながら支えていく必要があると考えられました。困難事例の中には、ご家族の認知症への理解が乏しいと考えられるケースがあり、医療・介護関係者だけでなく、一般市民への啓発活動が必要だと思います。

認知症の啓発活動

当院は開院当初から、湘南認知症研究会（代表世話人：平安良雄横浜市立大学医学部精神医学教室主任教授〈２０１７年12月時点〉）という湘南地区の認知症疾患への啓蒙と情報交換の場をつくってきました。また、２０１４年から、ＮＰネットワーク研究会を立ち上げています。ＮＰネットワーク研究会とは、神経内科医（Neurologist）、脳神経外科医（Neurosergion）、リハビリテーション医（Neurorehabilitation doctor）、神経放射線科医（Neuroradiologist）、神経病理医（Neuropathologist）の頭文字と、精神科医（Psychiatrist）の頭文字をとったものです。Ｎ（神経領域）、Ｐ（精神領域）のさまざまなプレーヤーのネットワークを緊密にし、互いの領域に関しての知見を共有していくことで知識を深め、高齢者の精神障害、認知症やパーキンソン病を含む神経変性疾患の診断および治療技術を向上させていくことをめざしています。[17]さらには感染症、代謝・栄養障害、内分泌疾患に伴い精神症状や神経症状を引き起こす疾患や特発性正常圧水頭症など、診療科がオーバーラップする分野を積極的に扱っていき、Ｎ、Ｐにとどまらない活動にもつなげていくことを主旨としています。このネットワークをもとに地域の中で顔の見える連携をめざし、地域医療への貢献（有機的な病診連携・診診連携）も模索していきたいと考えています。また、ＮＰネットワーク研究会では、株式会社メディカルノートの協力を得て、認知症の正しい知識を普及する配信も試みています。また、２０１７年から日本医科大学の北村伸先生を中心に、日本認知症予防学会神奈川県支部を立ち上げました。[18]従来の認知症関連学会（日本認知症学会・日本老年精神医学会）の専門医数は限られていますが、「日本認知症予防学会専門医」は、かかりつけ医の底上げをベースに考え、かかりつけ医でも専門医を取得できるように構造設計されているため、より多くの専門医を輩出できる可能性があり、認知症のゲートキーパーになりうると考えています。

また、認知症臨床を地域でやってきた経験から、認知症に関する啓発活動は重要であると考え、筆者の居住地域である藤沢市で、湘南オレンジプランという活動を２０１６年9月21日の世界アルツハイマーデーから開始しました。認知症関連の映画の上映会、地元のアーティストとコラボレーションしたTシャツの制作、レストラン・カフェ・工房・診療所などでの募金活動（認知症の人と家族の会に寄付）、認知症情報発信のためのホームページの制作[19]などを行いました。また、月に1回の頻度で、江の島のカフェ（Natural Law）を会場にして「湘南オレンジカフェ」という認知症カフェを開催してきました。このような取り組みの中で、２０１７年9月16日～24日にかけて、江の島シーキャンドルがオレンジ色にライトアップされ、それが大船観音、さらには神奈川県本庁舎ライトアップにまで波及しました[20]。２０１８年1月19日（金）には、コペンローカルベース鎌倉というカフェにて、「湘南オレンジカフェ」の拡大版として、「第1回Ｓｈｏｎａｎサミット」を開催しました。この中で、ＮＨＫディレクターの平田知弘氏、東京慈恵会医科大学精神医学教室主任教授の繁田雅弘氏、藤沢市副市長の小野秀樹氏より認知症に関するメッセージをいただき、最後は認知症当事者のバンド演奏など地域の認知症コミュニティーの新しい夜明けを感じることができました。

このようなインフォーマルな認知症に関する取り組みは、医療・介護関係者だけでなく、さまざまな職種や年代の多くの人々にメッセージを伝えることができる可能性があると考えています。湘南地区でのこの取り組みも、他の地域の取り組み同様に、一つの端緒となり、日本全体に波及する中で、人々の認知症のリテラシーを上げ、多くのdementia friendly communitiesが、各地で生まれることを願っています。

〈引用文献〉

1）横浜市健康福祉局：在宅療養支援診療所調査結果．２０１１．http://www.city.yokohama.lg.jp/kenko/kourei/kyoutuu/jourei/jigyoukeikaku/20jittaityousa/sinnryoujo.pdf（２０１８年1月31日アクセス）

2）厚生労働省：知ることからはじめよう　みんなのメンタルヘルス．２０１０．http://www.mhlw.go.jp/kokoro/speciality/data.html（２０１８年1月31日アクセス）

3）厚生労働省：「認知症施策推進総合戦略（新オレンジプラン）」～認知症高齢者等にやさしい地域づくりに向けて～ http://www.ncgg.go.jp/topics/globaldementia/documents/olangesankou.pdf（２０１８年1月31日アクセス）

4）認知症サポート医ネットワーク：認知症サポート医養成研修・認知症初期集中支援チーム員研修．２０１６．http://www.ncgg.go.jp/kenshu/kenshu/documents/20161117.pdf（２０１８年1月31日アクセス）

5）日本老年精神医学会：高齢者の心の病と認知症に関する専門医検索．２０１７．

http://184.73.219.23/rounen/a_sennmonni/r-A.htm（２０１７年12月31日アクセス）
6）日本認知症学会：専門医一覧．２０１７
http://dementia.umin.jp/g1.html（２０１７年12月31日アクセス）
7）一般社団法人日本プライマリ・ケア連合学会：プライマリ・ケアとは？
http://www.primary-care.or.jp/paramedic/（２０１８年１月31日アクセス）
8）厚生労働省：在宅医療（その２）　中医協　総-３　29．４．12
http://www.mhlw.go.jp/file/05-Shingikai-12404000-Hokenkyoku-Iryouka/0000161550.pdf
（２０１８年１月31日アクセス）
9）厚生労働省：在宅医療（その４）　中医協　総-３　25．10．23
http://www.mhlw.go.jp/file/05-Shingikai-12404000-Hokenkyoku-Iryouka/0000027523.pdf
（２０１８年１月31日アクセス）
10）東京都福祉保健局高齢社会対策部（Ｈ21年３月）「東京都認知症対策推進会議　医療支援部会報告書」
http://www.fukushihoken.metro.tokyo.jp/kourei/shisaku/koureisyakeikaku/06keikaku2729/06sakutei/6sakutei.files/06-6-02-3.pdf.pdf（２０１８年１月31日アクセス）
11）内門大丈：認知症の日常身体管理─在宅医療の視点から─．老年精神医学雑誌　27:390－398,2016.
12）日本認知症予防学会専門医：http://ninchishou.jp/index.php?id=75（２０１８年１月31日アクセス）
13）ＷＨＯホームページ：http://www.who.int/cancer/palliative/definition/en/
14）バルブロ・ベック＝フリス教授講演～『痴呆性高齢者の緩和ケア』２００４年10月11日（星陵会館（東京都千代田区））～：
http://www.dcnet.gr.jp/campaign/campaign2004/kouen.html（２０１８年１月31日アクセス）
15）日本緩和医療学会：専門的・横断的緩和ケア推進委員会：２０１１年度緩和ケアチーム登録結果報告
http://www.jspm.ne.jp/pct/report_jspmpct2011.pdf（２０１８年１月31日アクセス）

16）平原佐斗司ら：非がん疾患の在宅ホスピスケアの方法の確立のための研究．
２００６年度在宅医療助成勇美記念財団研究
http://www.zaitakuiryo-yuumizaidan.com/data/file/data1_20100507092236.pdf
（２０１８年１月31日アクセス）
17）ＮＰネットワーク研究会ホームページ：http://npnetwork.jp/
（２０１８年１月31日アクセス）
18）日本認知症予防学会神奈川県支部：
http://ninchishou.jp/topics.php?id=1&schemas=type010_1_1&topics=6&p=2
（２０１８年１月31日アクセス）
19）湘南健康大学HP：http://shonankenkoudaigaku.com/index.html
（２０１８年１月31日アクセス）
20）「江ノ島がオレンジにライトアップ―２０１７年世界アルツハイマーデーイベントレポート」：メディカルノート．公開日２０１７年10月29日／更新日：２０１７年11月13日．
（２０１８年１月31日アクセス）

PART.3

3 認知症支援は地域づくり

山内勇人
医療法人さくら会
わかば台クリニック

●はじめに

認知症支援のめざすところは「地域づくりにある」と言っても過言ではありません。

筆者は、認知症の診断、病名告知、治療、ご本人やご家族の心理的支援、介護負担軽減のための助言、ケアマネジャー等への環境調整に必要な情報提供、ケア会議参加など、主治医の立場で真摯に認知症支援に取り組んでいます。

しかし、診察室でどんなに高い医療レベルの診療をし得たとしても、どんなにご本人やご家族を手厚く支援できたとしても、その人たちが戻る家での生活が、周りには認知症であることを打ち明けることができず、また、勝手に外に出ないように鍵をかけなければならないのでは、ご本人にとってもご家族にとっても実に窮屈に違いありません。認知症であることを隣近所に「カミングアウトできる地域」、鍵ではなく見守りの中で「徘徊が散歩に変わる地域」をつくることが、薬が奏効するために、実は一番大切なことなのです。

認知症支援にはさまざまな職種がそれぞれの立場で関わりますが、ご本人やご家族が笑顔で過ごせるためには、地域の理解が不可欠であることを忘れてはならないのです。

この章では、「認知症の人やその家族が住みやすい地域は誰にとっても住みやい地域」という考えのもと、精神科医として大分県佐伯市で２０００名を超える認知症の人やご家族の診療にあたりながら、認知症になっても安心して幸せに暮らせる〝ハートフル〟な地域づくりに取り組んできた仲間たちとの、８年にわたる軌跡とこれからをお伝えします。

地域包括ケア時代の認知症支援の立ち位置と精神科医の役割

団塊の世代が75歳以上となる２０２５年を目途に、重度な要介護状態となっても、住み慣れた地域で、自分らしい暮らしを人生の最期まで続けることができるよう、住まい・医療・介護・予防・生活支援が一体的に提供される「地域包括ケアシステム」の構築がうたわれています。

そしてその中で、増加が見込まれる認知症高齢者の地域での生活を支える観点の重要性が述べられています。

(1) 地域包括ケア時代において認知症が重要な理由

①誰もがなり得る疾患であること

認知症は、軽度認知障害（Mild Cognitive Impairment：ＭＣＩ）を含めると65歳以上の約３人に１人を占め、人生の中で２人に１人が罹患するがんと並ぶ〝２大国民病〟です。しかも、認知症の場合は、病気の進行に伴い意思表示や意思確認が困難となることから、ある意味、〝がん〟よりも自己決定ができなくなるまでの時間がありません。そのため、その人らしい生き方に寄り添うために、診断、告知を含む治療や支援を早期から開始する必要があるのです。

②初期から生活障がいが出現し、進行とともに複雑化すること

ＭＣＩの段階から認知機能低下が見られ、認知症になると初期から日常生活の〝質〟が低下し、生活機能が低下します。そのため、介入が遅れると、社会的に孤立したり、精神的問題や社会問題が発生し、家族介護者の疲弊や近隣とのトラブルに至ることも稀ではありません。したがって、〝医療連携〟に加えて、認知症に伴う「生活のしづらさ」を支える〝生活支援連携〟という考え方が重要となります。

③精神疾患に似た〝偏見〟が存在すること

認知症には、隠したり忌み嫌う〝社会内偏見〟がまだまだ存在します。そのため、疾患啓発

や地域づくりが必要となるわけです。

このことは、精神科病院入院患者さんの退院や地域移行が困難であることとよく似ているように思います。通所や居宅サービスをどんなに手厚くしたとしても、多くの時間を過ごす自宅を包む〝地域〟が、ご本人にとって病院の中のように安心して過ごせる〝ハートフル〟な環境であることが、何よりも重要となるのです。だからこそ、認知症になっても暮らしやすい地域をつくる試みは、まさに精神科医が担うべき役割だと感じています。

「身体障がいのある人」が暮らしやすい地域は、「誰もが安心して暮らせる地域」の必要条件であっても、決して十分条件ではありません。一方、「認知症の人」が暮らしやすい地域は、子どもも含む誰もが暮らしやすい地域となるはずです。

大分県佐伯市の概要

大分県佐伯市は、大分県南部、宮崎県との県境に位置し、平成の市町村合併で九州一広い面積を持つ市となりました。人口７万４０７２人、高齢化率36・９％（平成26年現在）と、まさに認知症支援が不可欠な地域です。

当地域には保健所、医師会、地域包括支援センターなどはそれぞれ１つのみで、筆者が勤務していたＳ病院は地域唯一の精神科病院であり、この地域の精神保健・医療を一手に担う公的な使命を担う施設でした。しかし、古い体質が残る精神科病院であり、平成20年に筆者が赴任した時は、地域に開かれた状況にあるとは言い難い現状でした。

諸機関、多職種との連携を深める取り組み

(1) 地域医療への貢献と佐伯長寿医療懇話会

専門である精神科診療において、日常診療業務に加え、諸機関からの緊急時対応、受診困難な人への往診などに積極的に取り組みました。また、地域のかかりつけ医の先生方との勉強会を開催し、屈託のない意見交換をしながら、精神科の専門性、紹介のタイミング、連携のあり方などについて伝える場をもちました。

さらに、2012年2月より、地域の3名の先輩医師とともに「佐伯長寿医療懇話会」を立ち上げ、年に1~2回の頻度で勉強会を開催してきました。認知症をはじめとした高齢者に関するさまざまな病態への対応力向上をめざし、かかりつけ医、歯科医師、薬剤師、看護職などが協働する会で、日々の診療における顔の見える関係づくりにも寄与しています。

(2) 精神科という専門性を活かした介護等との連携

医療の枠を超えて、「〝ハートフル〟な地域づくり」の実現をめざし、さまざまな諸機関と連携して活動してきました。その中で二つの取り組みを紹介します。

①佐伯市長寿支援ネットワーク

地域包括支援センターや介護関係者を中心に多職種連携やスキルアップをめざす会であり、精神科医として積極的に関わってきました。年に1～2回の頻度で継続し、毎回100名ほどの参加があります。

②ハートフルさいき 認知症よろず相談所

介護支援専門員等を中心とした会であり、認知症での対応能力の向上をめざし、隔月で開催してきました。「地域の人や事業所は地域の財産」としての考えのもと、よりよい医療・介護の提供のために限られた地域資源を最大限に活かすべく、所属を越えて参加があります（写真1）。

写真1　ハートフルさいき 認知症よろず相談所

精神科と地域とをつなぐ公民館での〝出前講演〟

前述のような活動を通して、当院への紹介を勧める医療機関や介護事業所が増えてきた一方で、担当者がS病院への受診を勧めても、ご本人やご家族自身が受診に抵抗を示すという事実も明らかとなってきました。

そこで、〃生活の場〃である地域に、積極的に出る取り組みを始めることにしました。

筆者から佐伯市に〃出前講演〃をしたい旨を申し出たところ、快く協力していただけることになりました。2012年6月より、保健師さんたちとともに各地の公民館に出向き、「こころの健康講演会」を順次開催することになりました。

日時は月に2回、勤務終了後、第1・3木曜日19時より2時間枠で行い、保健師と筆者が精神疾患や認知症への理解を深める講演を行った後、小グループに分かれて意見交換を行い、全体で共有するといった内容で実施しました。

小グループでの意見交換では講演内容への質問の他、精神科受診への〃垣根の高さ〃や地域での偏見などの率直な意見が聞かれました。1年が経過した頃より、公民館関連での当院への受診が増え始め、筆者の診察を希望する初診患者さんの数が、何十年も診療していた医師を追い越すまでになりました。

この健康教室は、2015年度より高齢者福祉課と障がい福祉課とに分かれ、より専門的な

写真2　精神科と地域とをつなぐ公民館での“出前講演”

内容で実施することになりました。さらに、２０１７年度からは高齢者福祉課主催の認知症に関する会は「ナイトスクール」へと呼び名も変更し、講師は筆者だけでなく、他の認知症サポート医や地元のかかりつけ医の先生方に担っていただける会へと進化しました。

また、講演会の中で「僕はうつ病で治療しています。こうやって元気になって就労に向けて取り組んでいます。早めの受診を」「うちの妻が認知症でかかっています」「アルコール依存症で13回入院しました。いまは酒を断ち元気になって断酒会をしています。お酒に困った方はご相談を」などと、カミングアウトする方も出てきました。「リカバリー（回復）」を遥かに飛び越して、「社会貢献」している姿に、主治医として胸を打たれます。

場所によっては膝を突き合わせるような公民館で話し合ってきた地域住民の方々は、この6年間で３０００名を超えています。筆者にとって、自分にできる社会貢献の一つであり、また元気の源でもあるのです（写真2）。

オレンジカフェさいき

国が推奨している認知症カフェは、「認知症の人と家族、地域住民、専門職等の誰もが参加でき、集う場」と定義され、「認知症の人やその家族等に対する支援を推進する」有効な手段と位置づけられています。

さらに、施策が期待した認知症の人や家族に対する効果だけにとどまらず、地域住民や専門職、ボランティア、地域や社会に対する効果も明らかになっています。

認知症カフェのあり方は運営主体や地域により違いが見られますが、筆者が設立・運営に関わっている「オレンジカフェさいき」の活動を通して、認知症カフェ（以下、カフェ）の役割について述べたいと思います。

①まちなかカフェ『オレンジカフェさいき』

佐伯市でカフェを開催したいと思いながら、中心となって準備運営する大変さを思うと、筆者自身、日常業務の傍らでその立場を担うことに踏み切れずにいました。そんな矢先、認知症支援の地域の仲間であるM氏が責任者となり、「オレンジカフェさいき」が誕生することになりました。地域の仲間たちで準備を進め、平成27年6月7日（日）に第1回を開催しました。

商店街にある佐伯市まちづくりセンター「よろうや仲町」をお借りして、毎月第1・3日曜日10時〜12時の定時開催としました。ありがたいことに、毎回20名前後のお客さんに参加いただき、スタッフを合わせると30名を超えて大盛況です。平成30年2月4日に第60回を迎えました。参加者はのべ1500人に上ります。

商店街は散歩に適しています。高齢者にとっては懐かしい場所であり、そこを高校生や若者と手をつないで歩くことで、楽しかった時代を思い出す回想法的効果も期待できます。スタッフがお客さんと散歩していたところ、見ず知らずの方が「あまりに楽しそうだから」と手をつないでいっしょに歩いてくださったこともありました。

(2) 基本理念と特徴

多くのことは求めず、「楽しい」「笑顔づくり」の場を提供し、お客さんもスタッフも「来てよかった」と思えるよう心がけることにしました。

そして、参加者全員が互いを「さん」づけで呼び合うことで、「ひとりの人」として接することに重きを置きました。「オレンジカフェさいき」の一番の魅力は、この「ごちゃまぜの心地よさ」にあると言えます。全員「さん」づけで呼び合うため、職種も何も関係ないのです。実際、参加者の中には、筆者が何者であるか知らない人もいて、それが実に心地よいのです。

また、他のカフェとの一番の大きな違いは、「障がいの種別や有無を超えて誰もが参加できる場」であることかと思います。

認知症はもとより、地域の中に居場所がない精神疾患の患者さんが、出かけられる場になればと考え取り組んできました。いまでは、精神障がい以外にも、引きこもり、視覚障がい、身体障がい等のさまざまな〝生きづらさ〟をもつ人たちが同じく場を共有します。また、スタッ

写真3　オレンジカフェさいき

フに地元高校生がいることで、世代を越えた交流ができ、カフェに活気と明るい地域の未来を予感させてくれます（写真3）。

⑶ 当カフェから生まれたもの

通常、障がいを伴ったり認知症と診断された途端、「支援される側」になってしまいます。しかし、ここでは誰もが「さん」づけで呼び合い、必要とされ、自分ができることをして過ごせます。認知症の人が、視覚障がいの方のお菓子の袋を開けている場面が見られます。認知症の方が注文を取って運んできた飲み物は、間違っていてもみんなが笑顔でお礼を言います。

認知症の人が、やらなくなっていたハーモニカ演奏や三味線を練習して披露します。目が不自由な女性の澄んだ歌声は心に響きます。「細かすぎてわからない物まね」と題して発達障がいの方がみんなの笑いを誘います。妻を介護する男性が毎回のように小噺や手品を披露し、月2回のカフェを何よりも楽しみにしています。そして参加者は全員、聴衆としての役割を担うのです。「支援される側」「支援する側」といった構図ではなく、誰もがひとりの尊い人として、互いに支え支えられる構図がここにはあります。

ここでは毎回ドラマが生まれます。参加した人みんなが楽しく、笑顔になり、元気や活力が生まれます。互いに影響し合えるよい循環がここにはあるのです。

社会福祉制度での縦割りサービスでは形成することのできない横のつながりを、民間の協働により地域資源を掘り起こしながらつくり出しているのがこの「オレンジカフェさいき」です。

病気、障がい、年齢、性別、職業といった背景や立場を超えて、人々が暮らしやすい地域をつくる動きがここから始まり広がろうとしています。

共生社会をめざした地域資源の活用

精神障がい者の〝居場所づくり〟として、どこにもある既存の高齢者関連サービスを利用している事例を紹介します。

筆者の外来に通うMさんは、行く場所や交通手段がないために、受診以外は自宅に引きこもりがちです。優しい方で、食器の洗い物などの手伝いはできていますが、終日自宅にいるためにご家族とトラブルになりがちです。家以外に居場所があれば、生活にメリハリができ、ご家族との関係も改善するのではないかと考えました。しかし、ここには送迎のある障がい者施設はありません。

そこで、特に手がかかる方ではないので、高齢者のデイサービス等の一角に居場所を提供してほしいこと、そして机の台拭きや洗い物など、ご本人にできることをさせてもらえるよう、関係者に協力をお願いしました。

このような考えに至ったのには、「オレンジカフェさいき」での活動を通して、認知症の人や精神障がい者が、裏方の準備や運営、お茶出しなどで大活躍し、正直、当初は予想していなかったほど、いまではカフェ運営に欠かせない重要なスタッフになっている経験がありました。精神障がいがあっても、高齢者支援サービスの場においても必ず役に立つと確信をもてるようになり、また精神障がい者だからと特別扱いをするのではなく、「ひとりの人」として活躍でき感謝されることで、存在意義を感じ、生きがいにつながることを目の当たりにしてきたのです。

しかし、この話をもちかけた当初、精神障がい者への対応に自信がないことや、人手が足りなくて余裕がないことなどを理由に、話は進みませんでした。そこで、筆者が同伴するという条件で協力が得られ、介護予防事業に参加させてもらえることになりました。

自宅に迎えに行くとご本人は緊張した面持ちでしたが、利用者の前で上手に自己紹介のあいさつもできました。10名ほどの高齢者に交じって、みなさんから孫のように可愛がってもらい、美味しいものをいっしょに食べながら、笑顔溢れた楽しい時間を過ごしました。また、片づけや洗い物などを率先して行う姿に、スタッフにも安心していただけたようで、その後も続けて参加できることになったのです。そして、8回クールの教室が終わる時、「お手伝い頂きありがとうございました」とお礼状をいただいたばかりか、新しいクールが始まる際に引き続きの参加を誘われ、いまでは1人で参加しています。

これから人口減少、とりわけ支える側の生産年齢人口が減少していくことが問題となります。これまでのように支援する側・される側の単純な構図、認知症や障がい種別に分かれた支援は、地方になるほど難しくなってきます。そんな中で、先述した「オレンジカフェさいき」やこの〝居場所づくり〟での取り組みは、障がいがあっても、高齢になっても、認知症になっても、みんなひとりの人として、必要とされ活躍の場がある、互いに支え合う〝共生社会〟のロールモデルになると考えています。

一般社団法人共生社会実現サポート機構（通称：とんとんとん）の設立

佐伯市での地域づくりの経験から、医療・保健・介護の専門職だけでなく、地域の方々、障がいをもつ当事者や認知症の人たちなどが〝ごちゃまぜ〟で……退職しても、障がいがあっても、認知症になっても役割があり、誰もが尊いひとりの人として必要とされ、互いに支え支えられる「共生社会」のモデルを発信していきたいと考え、地域の仲間たちと「一般社団法人共生社会実現サポート機構（通称：とんとんとん）」を２０１７年10月に設立しました。

「とんとんとん」の由来は……「とんとんとん」は、ドアをノックする音。「とんとんとん」は、ご苦労さんという気持ち。「とんとんとん」は、みんなで力を合わせればスムーズに物事が運びますよ、という感じ……。決して「豚、豚、豚」ではありません。また、代表理事の立場としては、経営が「とんとんとん」でいければいいなという願いもあります。

誰もがちょこっと立ち寄れる「しゃべり場」や勉強を教えてくれる「寺子屋」、体調や介護のことなど気軽に相談できる「まちなか保健室」、読み聞かせ、ものづくり教室、子育て相談などの「育児・子育て支援」、障がいの理解・啓発のための芸術展や映画上映などの「各種イベント」、子ども食堂ならぬ障がいのある方や近所の高齢者も交えた「ごちゃまぜ食堂」などや、やりたいことはたくさんあります。これらを「縦割りでなく、ごちゃまぜ」で、「地域の社会資源を発掘、つなぎ、育成」しながら、「子どもから高齢者まで誰もが、障がいの有無にかかわらず、互いに支え・支えられる地域づくり」、まさに「共生社会」のモデルをここから発信していきたいと考えています（図1）。

認知症支援においても、うつ状態、虚弱、低栄養といった高齢者に関わる諸問題をいっしょに取り組んでいきたいと思います（図2）。

これまでの活動を通して、官民の枠を超えたご縁がつながり、そして拡がり、商店街の素敵な空き店舗に事務所を構えられることになりました。この本が発刊される頃には、一つひとつ形になっていることと思います。ぜひ、ホームページをご覧ください（www.tontonton.or.jp）。

●最後に

「赤子笑うな来た道じゃ、年寄り笑うないく道じゃ」という先人の言葉のように、筆者も読者も長生きできれば、いずれみな〝認知症〟になります。認知症になれば〝知的障がい〟を伴い、妄想や幻視等が出ると〝精神障がい〟も併

図1　一般社団法人共生社会実現サポート機構（とんとんとん）

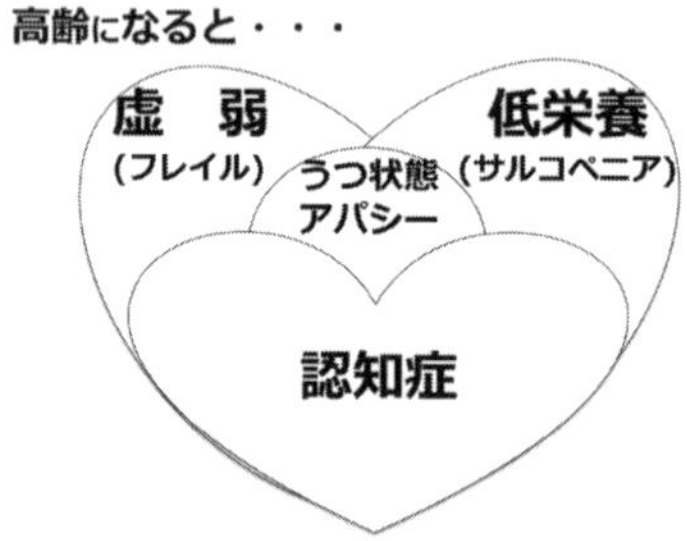

図2　高齢者の諸問題

発します。もちろん、足腰も悪くなるから〝身体障がい〟も合併することになります。つまり、私たちの将来は「認知症になり障がいが出る」ということなのです。そう考えると、目の前にいる認知症の方やご家族、障がいのある人は「人生の先輩」であり、いまその人たちが暮らしづらい地域は、年々その立場に近づいてゆく自分たちにとっても暮らしづらい地域なのです。

「情けは人の為ならず（巡り巡って己が身の為）」という言葉にあるように、将来の自分たちのためにも「認知症になっても安心して自分らしく暮らし続けることができる〝ハートフル〟地域づくり」に取り組まなければなりません。

とりわけ、認知症支援にあたる私たちは、さまざまな立場にあっても、いずれもめざすところは〝地域づくり〟にあるべきなのです。

最後に、ともに地域づくりに取り組んできたすべての同志のみなさんに深謝するとともに、これから拡がりつながるご縁にわくわくしています。

PART.3

4 多様な精神疾患や認知症にも対応する精神科在宅医療の実践

ACTの体制を応用し、

（積極的地域治療）

高野洋輔
医療法人社団リカバリー
こころのホームクリニック
世田谷

●はじめに

地域の中には認知症だけでなく、さまざまな精神疾患をもつがゆえに多大な生きづらさを感じて生活している方々がたくさんいらっしゃいます。高齢者の在宅ケアの現場においても、精神疾患をもつご家族への対応について相談を受けることも少なくありません。また、私自身が精神科病院に勤めていた頃には、治療を中断してしまったり、治療のタイミングが遅れて深刻な状況になったりして嫌々ながら連れて来られる方々を多く診療してきました。入院治療により症状が落ち着いても、また外来に来ることができなくなってしまうことも少なくありませんでした。適切なタイミングで、必要な支援が生活の場に届けられること、そしてその支援の中身が、ご本人にとって最良のものとするにはどうしたらよいのでしょうか。私たち支援にあたる専門職はどのような支援体制の中でそれを手助けできるのでしょうか。正解はまだないのだろうと思いますが、本稿では、海外でのコミュニティメンタルヘルスシステムや当院の精神科在宅医療の取り組みを中心に紹介します。

日本におけるアウトリーチを必要とする精神障害の現状

統合失調症をはじめ慢性的に経過する精神疾患の多くは、疾病と障害が共存して生活のしづらさに結びつくため、医療と福祉の統合的な支援が必要となります。一方で、前述のように入退院を繰り返す、あるいは病院受診を拒み未治療のまま長期間経過してしまう患者さんも少なくありません。この「サービスが必要な人ほど、サービスが届きにくい」という課題に対しては、必要に応じて訪問型支援、すなわちアウトリーチを組み合わせ、一貫した方針のもとに医療・福祉の適切な支援が継続的に提供される必要があります。

代表的な精神疾患である統合失調症は、思春期後期から青年期に発症し、しばしば慢性的に経過するため、学業の継続や就労などの社会生活への影響が大きい疾患です。一般的には精神科の外来受診を継続し、薬物療法を主体とした治療が行われますが、通院を自己中断し症状が不安定となり、救急受診や入退院を繰り返すことも少なくありません。自傷他害（自分を傷つける、周囲の人に暴力をふるってしまう、など）の恐れがあり、精神科救急の対応である措置入院となる患者さんの65％を統合失調症が占めているとの報告もあります[1]。また退院後に治療中断が懸念される、あるいは単身生活のため地域での支援体制が不十分である、という理由から入院が長期化することもまれではありません。我が国における平成26年時点での精神病床の入院患者数28・9万人のうち、統合失調症の患者さんが約56％を占めており、精神病床の平均在院日数は、他疾患も含むものの280日を超えています。これらの入院患者さんの中で、受け入れ条件が整えば退院可能である状態の人は5・3万人とされ、全体の約18％にものぼります。[2,3] これらの状況を踏まえ、今後の精神科医療の施策としては、精神障害を抱えた方が「地域の一員として安心して自分らしい暮らしをすることができるよう、医療、障害福祉・介護、住まい、社会参加（就労）、地域の助け合い、教育が包括的に確保された地域包括ケアシステムの構築を目指す必要がある」とされており、「精神障害にも対応した地域包括ケアシステム」の構築が提唱されています。[1]

海外における精神科アウトリーチ

このようなサービスを実現する精神保健システムの構築はどこの地域であっても大きな課題となっており、各国の精神医療の資源状況に応じた整備がなされる必要があるとされています。大いに参考になる考え方として、G.Thornicroftらは、精神保健サービスの地域の資源状況に応じたステップ式サービスモデルを提唱しています[4]（図1）。

英国をはじめとする海外では、同モデルのSTEP-Bとして、地域精神保健チーム：CMHTs（community mental health teams）が各地に配置されています。CMHTsは、人口

4〜8万人に対して1チーム程度の割合で各地に整備されており、外来通院が困難な場合には、平日の日中にアウトリーチも含む多様な相談、医療的・福祉的支援を行う精神保健サービスの地域拠点です。スタッフは精神科医師、精神科看護師、ソーシャルワーカー、心理士、作業療法士などの多職種で構成されています。イメージとしては、我が国の高齢者福祉の窓口である地域包括支援センターの精神科版といったらよいかもしれません。CMHTsは病院中心のサービスに比べて、利用者の満足度を高めること、治療への継続性を高め、ケアの連続性やサービスの柔軟性を高めることが知られています。症状の変動が大きかったり、頻繁な接触が必要だったりするなど、より専門的なアウトリーチサービスが必要な場合には、高度専門的精神保健サービス(STEP-C)があります。この

地域のサービス資源状況に応じたステップ式サービスモデル

資源の乏しい地域	資源が中等度の地域	資源が豊富な地域
STEP-A プライマリケア中心の精神保健と限定的な専門家の関与	**STEP-A** プライマリケア＋専門家関与 **STEP-B** 一般的な成人精神保健サービス(外来診療、CMHTs、急性期入院治療、コミュニティでの長期居住型ケア、リハビリテーションと就労支援)	**STEP-A** プライマリケア＋専門家関与 **STEP-B** 一般的な成人精神保健サービス **STEP-C** 高度専門的な精神保健サービス(専門外来、ACT／早期支援チーム、個別就労支援プログラム等)

G. Thornicroft et al.『精神保健サービス実践ガイド』(2012年, p68, 一部改変)

図1　精神保健サービスの要素

中には、急性期入院に代わる在宅治療・危機解決チーム（home treatment / crisis resolution teams）、重度の精神障害のために頻回の入退院や長期入院を余儀なくされる主に慢性期の患者さんに対する積極的地域治療（ＡＣＴ：assertive community treatment、日本では「包括型地域生活支援プログラム」とも訳されます）、発症早期の若者を対象とした早期支援チーム（early interventions teams）などがあり、CMHTsと協力して支援にあたっています。[5] 危機解決チームを配置することで、精神科への入院が減少すること、さらにチームが24時間体制をとることで入院をよりいっそう減らすことができることも報告されています。[6] また、早期支援チームは、発症して間もない時期に集中的な包括的支援を行うことで、よりよい経過が期待されるため、特に近年注目されています。

ＡＣＴは１９７０年代に米国ウィスコンシン州マディソン市でその実践が始まり、世界各地に広まっています。[7] その効果としては、頻回の入院を繰り返す患者さんの入院回数の減少や、居住環境の持続、患者さんの満足度向上が明らかにされています。[8] ＡＣＴの大きな特徴は、外部のサービスを手配したり管理したりするのではなく、支援チームが患者さんの生活する場に直接出向き、必要とされるサービスを多職種によるチームが包括的に提供する点にあります。原則として利用期限を定めないようにすること、また、サービスの質が低下しないように、スタッフ１人あたりの利用者数を10名程度までとするなどの工夫があります。実際にＡＣＴで提供されるサービスは医療的なことだけでなく、直接的な生活面の支援など、多岐にわたります[9]（表１）。

ＡＣＴや在宅治療・危機解決チームは、チームスタッフ全員で各利用者のケアを共有し、不調時に備えて24時間電話可能な連絡先を伝え、必要に応じて休日・夜間の訪問も行うことで、危機状態（クライシス）にならないように、なってしまったとしても早めに対応するようにしています。医療的なサービス以外に生活面の支援をもチームが行う理由は、慣れ親しんだスタッフが関わることで精神状態への影響を少なくすることと、現状の福祉サービスなどの社会資源を十分に利用するためには制度ごとに異なるさまざまな窓口を訪れなければならず、これは患者さん自身だけでなく、ご家族であっても大変なことだからです。支援する

表1　ACTが提供するサービス

地域のサービス資源状況に応じたステップ式サービスモデル

① **保健・医療サービス**
- 精神科治療継続のための診察・処方、自宅への薬の持参、受診同行の支援
- 病気・服薬に関する自己管理についての支援
- 個別の支持的療法（訪問、来所、電話）
- 危機状況時の介入などについての支援
- 一時的な入院期間中の継続的支援
- 身体的健康についての支援

② **福祉サービス**
- 住居探し、家主との調整や契約などの住居についての支援
- 買い物、料理、交通機関の利用、近隣関係などの日常生活に関する支援
- 公共施設等の社会資源の利用やグループ活動への参加など、社会ネットワークとの関わりの回復やその維持に関する支援
- 年金、生活保護利用や金銭管理などの経済的サービス、福祉サービスの手続きなどについての支援

③ **利用者の家族のための支援**

④ **就労についての支援**

ACT-J パンフレット作成委員会（平成16年3月）編集・作成「ACTパンフレット」

チームには、ソーシャルワーカーをはじめさまざまな領域の専門家が所属しているため、このような包括的なサービスを提供することが可能です。これらの海外における実践からは、普段から利用しやすい幅広い精神保健サービスの存在と、24時間体制で必要に応じて訪問対応してもらえる危機介入の機能が地域に存在することが、精神障害を抱えて生活する患者にとって重要であることを示していると言えるでしょう。

ここまでは制度や仕組みについての概要でしたが、実際に支援者はどのような考え方のもとでサービスを提供しているのでしょうか。アウトリーチ支援では、服薬などの医療を強制したり、生活状況を管理したりするばかりでは、ご本人の希望する生活とズレが生じて、支援を断られてしまったり、かえって調子を崩してしまうことにつながりかねません。精神科のアウトリーチでは、しっかりとした信頼関係を構築すること、その上で、ご本人の生活史や家族背景、大切にしている価値観などをアセスメント（評価）していくことが重要になります。精神症状や周囲の人が困っている問題点、ご本人の欠点にばかり目を向けるのではなく、その人のもつ強み（ストレングス）を伸ばすPerson-centered care（ご本人中心のケア）の実践を通じて、患者さん自身が有意義だと感じられる生活や人生を達成していくことをめざしていきます。そのような支援は一見まわり道のようですが、結果的には本人の精神症状の安定につながったり、周囲の人の困りごとの解決にも至ったりすることが多いのです。実際の支援場面では、トレーニングを受けた専門家が、疾患や障害の特性に応じてきめ細やかに行う生活支援が、信頼関係の構築や安心感の醸成にもつながりますし、社会復帰に向けたケースマネジメントを行うことで、ご本人のやりたいことの実現に向けた手助けを行っています。

日本における精神科アウトリーチの実際

我が国での精神科アウトリーチは、平成15年に厚生労働科学研究費の助成でＡＣＴ-Ｊの臨床実践と効果検証が開始され、以後各地にＡＣＴチームが誕生しました。現在では全国で約20のチームが活動を行い、チーム間での研修会などを通じて支援の質の向上が図られています。筆者が院長を務める「こころのホームクリニック世田谷」は、平成25年に東京都世田谷区で精神科領域に特化した在宅療養支援診療所として開業し、従来のＡＣＴの対象者はもちろん、精神科治療が必要にもかかわらず通院することが困難なすべての患者さんを対象にアウトリーチを行っています。開業から平成28年９月までの全患者さん２５９名の主な疾患の割合をみると、認知症の行動心理症状へ

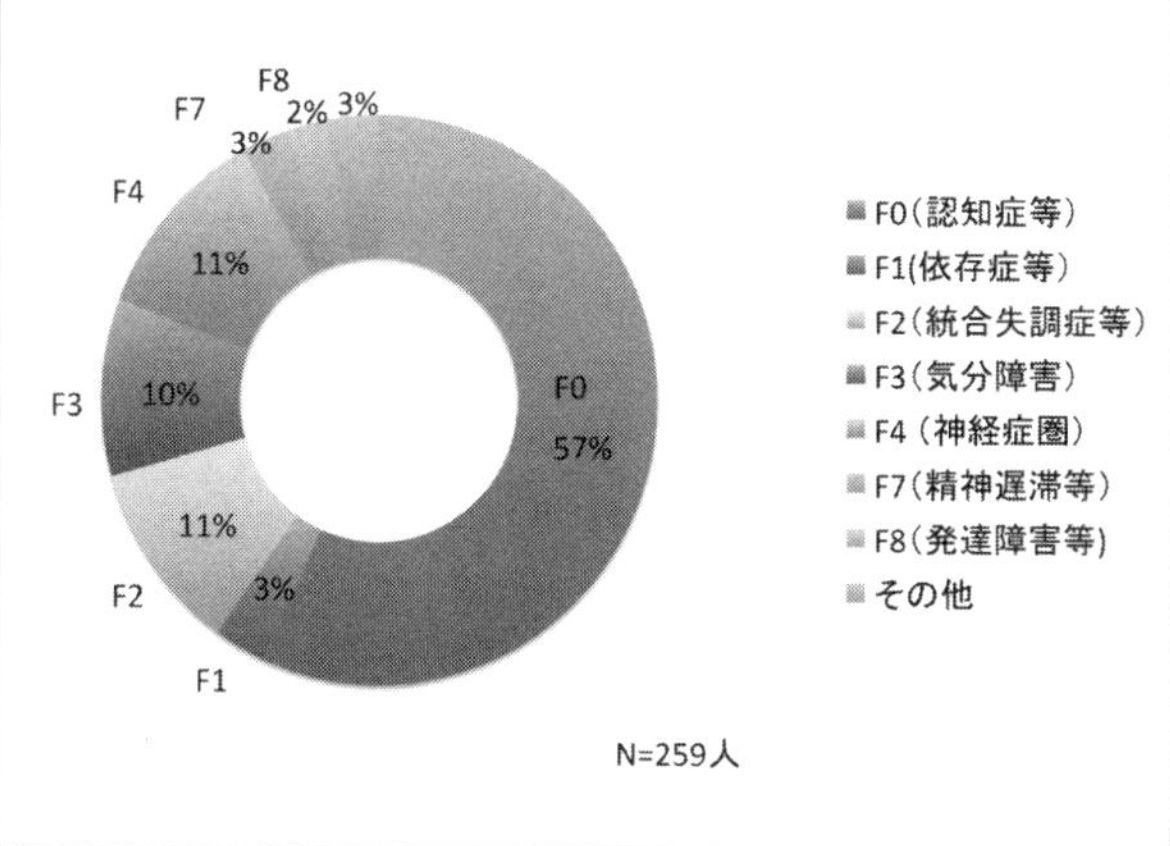

図2　精神科アウトリーチにおける多様なニーズ

の対応依頼が最も多く、続いて統合失調症や気分障害などがあります（図2）。神経症圏にある独居高齢者、パニック障害などの神経症や依存症、発達障害などをベースとしたひきこもり状態への支援や、他の在宅医療機関で診療中の神経難病やがん末期にある在宅療養患者さんのうつ状態やせん妄などに対するリエゾン・コンサルテーション医療の依頼など、多岐にわたるニーズがあります。診療の依頼元も、入院中の病院、保健師、地域包括支援センターなど多岐にわたります。これらの幅広いニーズに対応するためには、地域の医師会、地域包括支援センター、保健師、ケアマネジャーらとの連携が欠かせません。

　当院では、ACTの手法をベースにしたチームアプローチを行っています（図3）。依頼を受けるとまず、看護師やソーシャルワーカーなどが関係者からの情報収集を行うとと

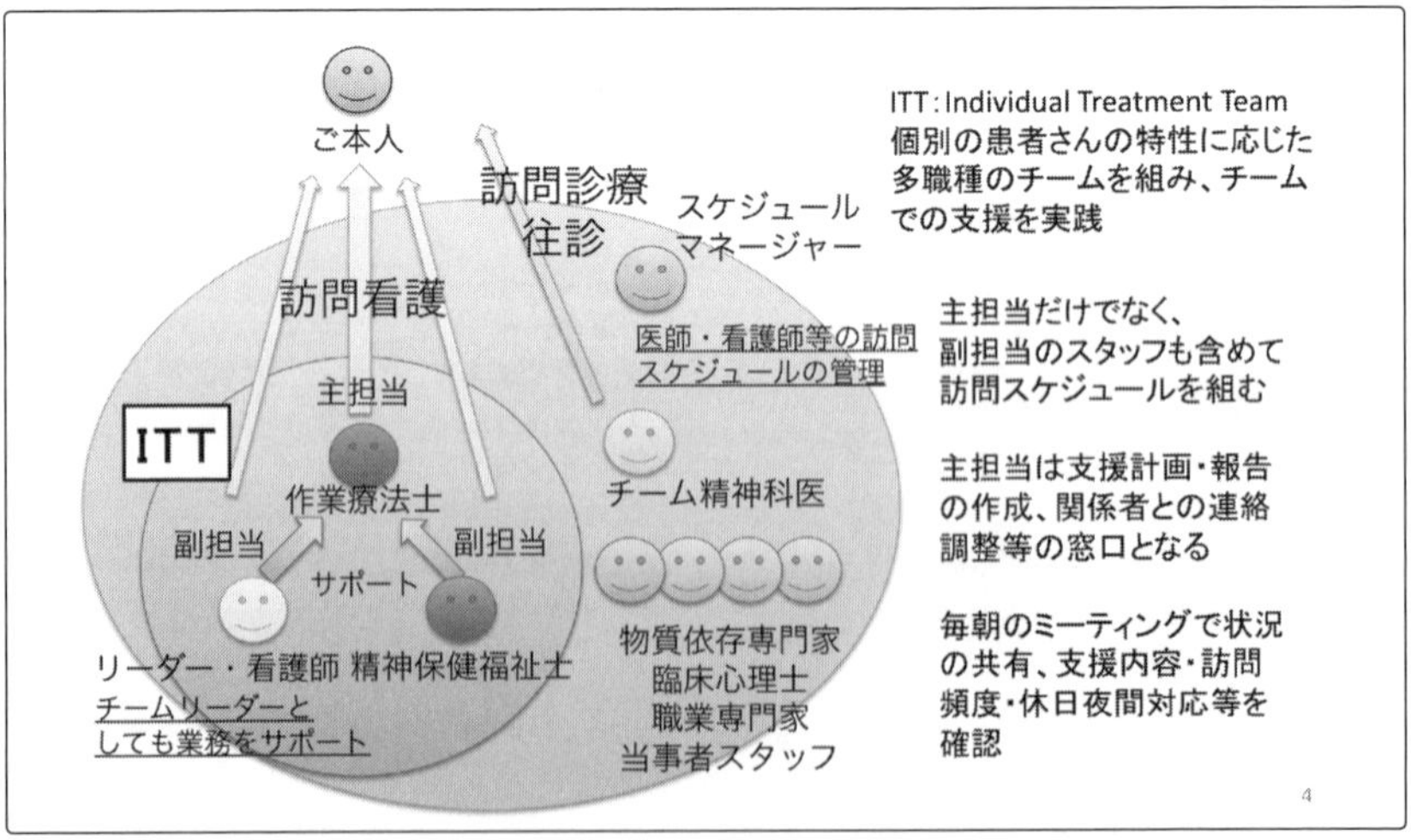

図3　ACTをベースとしたチームアプローチ

もに、ご本人と面談して、精神状態や身体疾患の治療状況、家族との関係性などのアセスメントを実施します。入院中の方であれば、退院前から顔なじみになるよう努め、入院先の病院で行われる退院前カンファレンスにも参加して、治療やケア方針の引き継ぎ等を行います。退院後は、それぞれの患者さんを主に担当するスタッフがケアマネジメントの責任者となり、アセスメントに基づくケア方針を立案し、本人と協働して支援目標を立てていきます。訪問看護は主な担当者を含む複数名でスケジュールを立て、週に1～2回程度の頻度で実施します。医師による訪問診療は、定期的に月に1～2回程度行いますが、不安定な状態の場合には毎週の診察に変更したり、あるいは臨時の往診を行ったりして、精神科の薬物調整を行ったり、合併する身体疾患の治療を行います。また、身体疾患に関しては、地域の総合病院と連絡をとって検査や治療を受けられるように手配します。不調時の電話相談は夜間、休日も随時対応し、必要に応じて緊急の訪問看護や往診を実施していますが、精神科領域に関しては、不調を見越して日中に十分な対応していると、時間外での訪問の要請は多くはありません。全スタッフが集まる毎朝のミーティングでは、診療中の患者さんの最新の情報を共有し、時間をかけて検討すべき点については改めて時間をとり、支援方針や方法についてスタッフ全員で議論します。

対象者の中には、なかなか訪問を受け入れてもらえないこともあります。このような場合であっても、ご本人のもつリカバリーの可能性を支援者自身が信じることが肝要であり、チーム全員で知恵を出し合い、ストレングスを伸ばす支援内容を検討し、積極的な訪問を実践することで状況を打開できることも少なくありません。支援が困難だと感じられる事例ほど、チーム医療の強みが発揮できると言えるでしょう。また、ケアラー（家族など無償の支援を行う身近な人）へのサポートも、欠くことのできない重要な支援です。ケアラーとの定期的な面談を通じて、ケアラーと本人の関係性が変化することから状況が改善することも多く経験されます。また、不調時に夜間であっても支援者と連絡がつくことでご家族も安心ですし、実際の介護負担を軽減するための対応も行います。当院では、生活臨床のアプローチも取り入れることで、具体的な社会復帰に向けた支援も行っています。生活臨床は、もともとアウトリーチによる生活・人生のアセスメントと家族支援の実践であるため、精神科アウトリーチとは非常に親和性が高い支援方法と考えられます。

※生活臨床とは：1960年頃、群馬大学医学部神経精神医学教室を中心に生まれた診断・治療体系。当事者の生活史や数世代にわたる家族史をていねいに聴取し、その生活行動から価値意識を特定し、それを生活の中で実現しようするアプローチである。症状や問題行動にのみフォーカスせず、生活や人生の行き詰まりの解消をめざし、当事者・家族、支援者が「知恵を出し合う」ことが特徴的。

サイドメモ

「急性期の在宅治療の事例：30歳男性、統合失調症」

高校中退後、短期の就労以外はひきこもりがちであった。本人への対応をめぐって、両親のいさかいも増えた。1か月前にアルバイトを無断欠勤。この頃から独語や興奮がみられるようになったが受診を拒否するため、当院に依頼があり支援を開始した。スタッフが毎日訪問して顔なじみになり、不安や悩みなど、本人がとりとめなく話すことを傾聴。初めは拒否していたが薬物療法を開始したところ、眠れるようになり、徐々に落ち着いて過ごせるようになった。意欲が湧かずやはり閉居しがちであったが、スタッフの誘いでいっしょにラーメンを食べに行ったり、サッカーの練習に出かけたりするうちに徐々に活動的になり、「また働きたい」と話すようになった。いっしょにアルバイト探しをして就労。職場での人間関係などについて悩んでいる様子があればアドバイスをしたり、上司に自身の意見を伝える練習をしたりと手助けを行った。地域のフットサルグループにも参加して楽しんでいる。生活臨床のアプローチにより、本人・両親を交えて定期的に面談し、高等学校卒業程度認定試験への挑戦、資格取得などの目標を定め取り組み始め、家族の間での会話も増えてきた。

在宅医療機関の精神疾患対応と地域の医療・介護連携

近年都市部では内科などの在宅医療が拡充し、多科の医師による総合的な医療支援体制を整えている規模の大きな在宅医療機関もみられるようになっています。在宅医療は多様な疾患の対応のみならず、家庭状況や家族間力動にも配慮した全人的医療が求められます。精神疾患を抱えつつがんや難病などのケアが必要な状況もあるため、プライマリケアを習得した精神科医による活躍のフィールドとしても期待されていますし、実際、若手の精神科医師と接していると在宅医療に強い関心をもつ人も多くなってきている印象です。一方で、精神症状が不安定であったり、対人関係や経済問題等が複雑に関与して、深刻な状況におかれていたりする場合には、専門的な多職種・多機関での支援が必要となります。地域ごとの医療・福祉資源の状況に応じ、地域の関係者間でのスムーズな協力体制の構築が必要と思われます。高齢者医療・福祉の分野では、このようなネットワークづくりが発展してきています。世田谷区では、平成29年から地域包括ケアシステム構築の一環として、ＩＣＴを用いた支援機関間の患者情報の共有システムが導入され、所属の異なる関係者の間でも簡便にそして迅速に情報を共有する仕組みづくりの基盤が整備され始めました。多様な機関が連携して1人の患者を支援することが多い我が国のシステムの中では、頻繁に他機関のスタッフと連絡をとることも難しいため、地域でのコミュニケーションツールとしてのＩＣＴの活用が期待されています。

一方で、精神科アウトリーチをとりまく状況には課題も多いのが現状です。各地域でさまざまな実践が展開されていますが、我が国では公的な制度としてこのようなアウトリーチチームが設置されていないため、各チームは在宅療養支援診療所や訪問看護ステーションなどさまざまな運営基盤の中で、手探りの実践をしている状況です。チーム数も少なく、広範な地域のニーズをカバーする状況には至っていません。精神科アウトリーチの有用性が明らかであっても日本でなかなか拡充しない背景には、手厚い支援に要する人件費、特に家族面接やカンファレンス参加、電話等での関係機関との連絡・調整などの無報酬の活動が多くなってしまうため、診療報酬だけでは十分に賄えないという切実な状況があります[10]。我が国においても、CMHTsのようなサービスに加え、専門的なアウトリーチを行うチームを費用対効果の面も考慮しながら設置していく必要があります。

しかしながら限られた社会資源の中で、このような仕組みを一からつくり上げることは困難が予想されます。その際に、非常に参考となると思われるのが、認知症の方々へのさまざまな施策です。平成30年より認知症初期集中支援事業が全市区町村で展開されますが、その手法や仕組みは、支援につながりにくい精神障害を抱える方への支援にも共通するものがあるのではないか、と個人的に考えています。各地域での実践の中で、支援対象を認知症から徐々に広げていくことで、新しいコミュニティメンタルヘルスの基盤をつくっていくことができるかもしれません。

スポーツの活用と教育を通じたリカバリーを促進するコミュニティづくり

地域での支援においては、医療や福祉のシステムづくりに加え、当事者の社会参加や地域住民の精神疾患への理解の促進も重要な課題です。地域のさまざまなコミュニティにおいて、精神障害について適切な知識をもつことができたり、専門家による支援が得られたりすることで、当事者のリカバリーを促進する場となり得ると考えられます。その一つの例としてスポーツの活用が注目されています。

精神科病院においては、リハビリテーションや楽しみをもたらす活動として古くから病院内でスポーツが行われてきましたが、近年では病院外でのスポーツを通じた交流が広がりつつあります。たとえば、サッカー・フットサルの活動は2008年以降急速に全国に広がり、現在130チーム以上が設立されています。普段の練習に加え、各地でリーグ戦やカップ戦も開催されるようになっています。精神科領域におけるスポーツの意義として、①体力向上・生活習慣病の予防、②精神症状・認知機能の改善、③関係性・社会性の改善、④自我・価値観の再構築、⑤QOL、自尊心の向上、⑥チーム医療・地域医療の推進、⑦疾患理解、スティグマの軽減が挙げられています。[11] この中でも、③関係性・社会性の改善として、「助ける人と助けられる人、という固定した役割ではなく、互いの成長やリカバリーを促すような関係性が意識されるようになる」という点は、コミュニティケアの実践として特に注目すべきと思われます。また、精神科医療従事者ではない地域のスポーツ関係者の多くが、「これまで精神障害者と関わる機会も知識もなかったが、健常者と同様に精神障害者のスポーツ指導にやりがいを感じている」と述べています。これらは、地域でのスティグマ（偏見）の軽減や、障害を抱えていても生きづらさを感じにくい社会の実現に重要となるでしょう。

●おわりに

ご本人が自ら選択したコミュニティの中で、有意義だと感じられる人生を送れること、すなわちリカバリーをめざす支援こそが、今日の精神科医療の挑戦すべき大切な課題であると考えます。ストレングスモデルや生活臨床などを基盤とした医療・福祉の包括的支援と、医療／介護／福祉／行政が一体となり地域住民を巻き込んだリカバリーを促進するコミュニティづくりが進められることが重要です。

謝辞：本稿を執筆するにあたり、英国におけるCMHTs等の知見について伊勢田堯先生にご教授いただきました。この場を借りて御礼を申し上げます。

〈引用文献〉

1）これからの精神保健医療福祉のあり方に関する検討会（平成29年1月資料）（http://www.mhlw.go.jp/stf/shingi2/0000149871.html）：厚生労働省
2）平成26年厚生労働省 患者調査（http://www.mhlw.go.jp/toukei/saikin/hw/kanja/14/）
3）平成26年厚生労働省 医療施設（静態・動態）調査・病院報告（http://www.mhlw.go.jp/toukei/saikin/hw/iryosd/14/）
4）G・ソーニクロフト，M・タンセラ．精神保健サービス実践ガイド．日本評論社：２０１２
5）伊勢田堯，西田淳志．Ⅱ．界における精神科医療改革の取組み 1．近年のイギリスにおける精神保健改革．松原三郎，佐々木一．専門医のための精神科臨床リュミエール22．中山書店：２０１０．P24-40.
6）Glover G et al. Crisis resolution/home treatment teams and psychiatric admission rates in England. Br J Psychiatry 2006;Nov（189）:441-5
7）西尾雅明．ＡＣＴ入門．金剛出版：２００４

8) Mueser et al. Models of community care for severe mental illness: a review of research on case management. 1998;24（1）:37-74
9) ACT-Jパンフレット作成委員会．ＡＣＴパンフレット：２００４
10) 全国ＡＣＴ事業所による診療報酬の観点から見た医療経済実態調査研究：平成23年厚生労働科学研究費補助金 難病・がん等の疾患分野の医療の実用化研究事業
11) 井上秀之．スポーツを通じた統合失調症のリカバリー．日本精神科病院協会雑誌 ２０１５：34（5）：52-6

PART.3

5 私と認知症訪問診療

上野秀樹
千葉大学医学部附属病院
地域医療連携部

東京都立松沢病院にて

平成4年に大学を卒業した私は、精神科の医局に入局し、以来ずっと精神科臨床に従事しています。平成13年4月から6年間の松沢病院勤務が、私にとって大きな転機となりました。当時の松沢病院は、1000床以上の病床のある巨大な公立精神科病院で、入院している人の多くは統合失調症の人でした。ずっと高齢者の精神科診療に興味があった私は、平成16年から3年間、認知症の人のための精神科病棟を担当しました。なぜ認知症の人のための精神科病棟があるのでしょうか。認知症の人は、軽度認知症から認知症の全経過を通じて、9割の方に幻覚や妄想、不安やうつ状態、躁状態などのさまざまな精神症状が生じることがあるからなのです。なかには精神科病棟に入院を必要とする状態になる場合もあります。たくさんの精神症状を生じた認知症の人を診療しました。唯一の公立精神科病院として都立松沢病院には、民間病院では断られてしまうような重い身体合併症がある方や激しい精神症状のある方、複雑な背景をもった方などを入院させていました。

多くの精神症状が激しいケースを入院加療する中で、すばらしいと思った東京都の認知症施策がありました。それは、地域で認知症のためと思われる精神症状で困っている場合に訪問する、高齢者精神医療相談班といわれる精神科医と保健師のチームです。

訪問の対象は以下のようなケースです。

○幻覚・妄想・いらいら・怒りっぽい・不安・暴力・徘徊・大声・迷惑行為などの激しい精神症状・問題行動に対して近隣住民、民生委員や関係機関が困っている
○認知症などの精神障害で治療が必要であるにもかかわらず、ご家族や関係機関が病院に連れて行くことが出来ず困っている

（東京都ホームページ http://www.fukushihoken.metro.tokyo.jp/chusou/jigyo/kourei.html より）

高齢者精神医療相談班が扱ったケースを数多く入院加療する中で、地域では精神症状があって周囲が困っているが、そもそも精神障害なのか、認知症なのかもわからず、医療機関に受診してもらうことも困難なケースがたくさんあることを知りました。

病棟を担当していた3年間で私は177例のケースを入院加療しました。いずれも激しい精

神症状や重い身体合併症などがあって、ご家族や地域の人、支援者の人たちが困り切っていたケースです。こうしたケースを入院加療することで、ご家族や地域の人、支援者の人たち、たくさんの人に感謝されました。この頃の私は、認知症で精神症状が激しい場合には、精神科病棟への入院が当然であると考えていたのです。

海上寮療養所にて　認知症精神科訪問診療

その後、東京大学大学院の公衆衛生の1年コースに入学するため、松沢病院は退職しました。卒業後に千葉県旭市の海上寮療養所から転職の誘いがありました。海上寮では新しく認知症精神科病棟の設置を計画していました。精神症状のある認知症の人の診療では精神科病棟が不可欠と考えていた私は、病棟の設計から関与して最高の精神科医療を提供できると思って、就職することを決めたのです。

精神科病院には、入院中の人が自由に出入りできない閉鎖病棟と、自由に出入りが可能な開放病棟があります。当時の海上寮は4病棟199床で、すべてが開放病棟でした。認知症精神科病棟は基本的に閉鎖病棟です。海上寮は地域で知られた精神科病院だったので、家族が入院治療を希望する認知症の人も受診します。初めに2例ほど入院加療したのですが、開放病棟なので、知らない間に病棟から出て行ってしまい、行方不明になることが続きました。病棟にいてもらうためにベッド上の身体拘束が必要になったりしたのです。本来は入院中の人の自由が保証されるはずの開放病棟で、より厳しい自由の制限をしなくてはならなくなったのです。私は新しい病棟が完成するまで、入院加療はせずに外来だけで支えていこうと心に決めました。

そこで、もの忘れ外来を開設しました。海上寮のある地域では認知症の人の精神症状を診療する医療機関はなかったので、たくさんの人が受診するかと思っていたのですが、月に1～2人などほとんど受診がありません。この地域には精神科医療を必要とする認知症の人はいないのかとも思ったのですが、実は海上寮が精神科病院であるために、体裁が悪くて受診できないということがわかったのです——後に訪問診療に行ってよく言われたのは、「海上寮という名前だけは、本人がいやがるので出さないでほしい」ということでした——そこで私は考えました。認知症の人が来られないのであれば、こちらから出向いていこうと。

そこで思い出したのは、先述した東京都の高齢者精神医療相談班です。高齢者精神医療相談班は、どんな状態で、どんな病気があって、これからどうしたらいいかという見立てをしますが、行政機関である保健福祉センターに設置されているので診療機能はありません。そこで、海上寮の訪問診療は、東京都の高齢者精神医療相談班に診療機能をプラスしたものとして制度設計しました。案内パンフレットも作りました（図1）。

図1　パンフレット

海上寮で訪問診療をすると決めても、そもそも地域の人はそのことをほとんど知りません。私はケアマネジャーが地域の高齢者、そして認知症の人の情報をもっていると考えて、地域のケアマネジャーが定期的に開催しているネットワーク会議に出向いて行って、積極的に宣伝しました。徐々に口コミで相談や受診が増えていきました。多いときには、月に30～40人の新患の人が受診されるようになったのです。また、地域の認知症対応グループホームや特別養護老人ホームなどにも往診するようになりました。最も多いときで20か所くらいの病院、施設に定期的に往診していました。

精神症状が激しい認知症の人を外来だけで支えるために、訪問診療以外にもさまざまな診療上の工夫をしました。その中でも最も効果があったのが、私の個人的な携帯電話番号を家族に教えることでした。当時の海上寮はまだまだ田舎だったので、たとえば介護保険を利用するとロゴが入った送迎車が来て、集落の噂になってしまうから利用しないという話も聞きました。そんな地域で、家族に認知症の人がいること、その人が精神症状のために体裁が悪い精神科病院に受診しなくてはならないなどということは、最も隠しておきたいことです。周囲の誰にも相談することができなかったご家族が、24時間365日連絡がつく専門家である私の携帯電話番号を知ることができて、安心します。するとその安心感がご本人に伝わり、さまざまな精神症状が軽快したのです。私が妙な精神科薬を処方するよりも、ずっと精神症状を安定させる効果がありました。

もう一つ、とても有効だったのは、私が定期的に往診していた施設で精神症状が激しい人にショートステイを利用してもらい、往診した私が薬物療法の調整をする方法です。こうすることで、精神症状のために、介護しているご家族のレスパイトが必要なケースに対応することができました。介護施設のほうが、精神科病棟よりも生活環境に近い場合が多いため、より治療効果が上がるというメリットもありました。

こうした工夫により、それまで私が精神科病棟に入院しないと問題が解決できないと考えていたケースでも、入院せずに地域で生活を支えることができるようになったのです。海上寮療養所では精神症状のあるケースを700例以上診療しました。いろいろ工夫してわかったのは、認知症の人は精神症状が激しくなっても精神科病院への入院が必要なケースはほとんどないということでした。そして、海上寮の認知症精神科病棟の新設計画も中止となったのです。現在も海上寮では、認知症の人を精神科病棟に入院させていません。

海上寮の精神科訪問診療について考える

海上寮に勤務していたときには、訪問診療のシステムをつくるために一生懸命でした。依頼があるとどんなところにも行っていました。たとえば片道50kmもあるところに往診することもありました。診療の相談、依頼が多くなっても、可能な限りすみやかに対応しました。

訪問診療システムはそれなりにうまくいっていたのですが、一つ疑問が出てきました。同じような病気、同じような状態でも、私が訪問して対応することで大きく改善するケースと、そうでもないケースがあったのです。

一つのヒントがありました。海上寮訪問診療モデルを一生懸命やっていたときに、往診先の特養でいつも私の往診の対応をしていた看護師が、独立して有料老人ホームを立ち上げたのです。そこには、他で断られてしまうような、かなり精神症状が激しい人がたくさん入居しています。その看護師が私と同じようなロジックで考え、薬物療法を含めた検討をしているのです。もちろん、薬物療法に関しては、私の海上寮外来に受診をしていて、内容の調整や変更をするときには私に連絡があります。

このホームでは、精神症状が激しくて家族が疲弊し、本人も激しい精神症状に苦しんでいたケースでも、入居してしばらくたつとがらりと様子が変わり、笑顔でお互いに話ができるようになって、ご本人、特にご家族が泣いて喜んでいたようなケースがたくさんあるのです。

これに対して、私が往診しても効果が上がらないのはどんなケースでしょうか？

たとえば往診先で、精神症状が激しい認知症の人がいたとします。往診しても精神症状の治療がうまくいかないのは、施設のスタッフが「先生、この人の精神症状をなんとかしてください」と私に対応を丸投げしてしまうようなケースです。こんな場合、私は精神科薬物療法だけでなんとか対応するしかなくなってしまいます。以前に認知症精神科病棟を担当していたときに行っていた、薬漬けの精神科医療を地域で展開するしかなくなってしまうのです。

ここで認知症の人の精神症状に関して考えてみましょう。認知症の人にはもの忘れや周囲の状況を把握できない見当識障害、理解力・判断力の低下などがあります。こうした認知機能障害がある認知症の人は、周囲に適応できずに混乱してしまって精神症状を生じることがあります。また、私たちは言葉を利用してコミュニケーションをしています。たとえば、便秘でお腹が張って苦しい場合には、それを言葉で表現できれば適切な支援が得られます。しかし、言葉で表現するのが苦手な認知症の人ではどうでしょうか。言葉で自分のニーズを上手に表現することができません。人間、お腹が張って苦しければ、イライラしてしまったり、大声を出したりしてしまうかもしれません。認知症の人の精神症状は、言葉で表現するのが苦手な認知症の人の「言葉にならないメッセージ」の可能性があるのです。

精神科薬物療法は、精神症状を薬物療法で取り除こうとする治療法です。認知症の人の精神症状の場合でも、精神科薬物療法が有効なケースがもちろんあります。しかし、精神科薬物療法と同時に、どうしてそうした精神症状が出ているのか、本人への深い理解と環境の調整が重要なのです。

施設において本人に関して最も深く理解しているのは、往診している私ではなくて、身近で支えているスタッフの人たちです。私が往診して見立てをして、私が薬物療法に関して考えて、それを指示してその通りにスタッフが動く、というモデルではなく、スタッフが主体的に考え、検討し、その結果でいろいろと対応を工夫するというモデルが必要なのです。この「いろいろと対応を工夫する」という中に、内服中の薬物内容の再検討や必要時最後の手段としての精神科薬物療法も入っているのです。身近で接するスタッフが主体的に関わるので、これはずっと有効性が高いモデルです。

以前の海上寮精神科訪問診療モデルでは、

見立て　↓医師
対応の検討　↓医師
↑どうしても薬物療法に偏った対応方法になりがち

でしたが、最近開発中のモデルでは、

見立て　↓身近にいる人　必要時に医師
対応の検討　↓身近にいる人
↑非精神科薬物療法的対応が第一に行われる

という形になります。

身近にいる人が適切に判断をすることができて、必要な医療もしくはその他のサービスを利用することができるようにすることが鍵であると考えています。

敦賀温泉病院にて

院長の玉井先生から「精神科病院の病床を減らす取り組みをしよう」と誘われて、平成26年から敦賀温泉病院に勤務することになりました。3年間やってみて、病床を削減したときの収入減をどうしてもカバーできないことがわかり、病床削減はあきらめました。敦賀温泉病院ではたくさんの外来患者さんの来院があり、ずいぶんと診療能力が上がりました。

病床削減の取り組みの代わりにやったのが、一般向けの認知症の医学的な知識の研修システムの構築です。

平成28年4月から敦賀市の隣の美浜町（人口9700人、高齢化率35％前後）で月に1回の認知症学習会をしていました。外来に来ていた方のご家族を中心に、専門職、行政職員を加えた二十数人のグループでした。最初の半年くらいは私が認知症に関する基礎的な知識の話、対人的支援の基本の話などをしていました。単に私が説明してしまうと話が早く終わっていいのですが、参加者は「よい話を聞いた」という感想だけが残って、一週間後には話の中身の記憶はほぼゼロになっています。同じ内容でも参加者に気づいてもらった場合には、その中身が活かされる形でその人の中に残ります。

そこで、後半からは静岡大学情報学部の竹林研究室の協力を得て、参加者の方々が自ら考え、議論して、その結果を発表するという形式にしました。具体的には、ケースメソッドの方法を取り入れています。ケースメソッドとは、もともとビジネス・スクールの講義で利用されている協同学習手法です。

美浜町の学習会では、専門職ではないごく普通のご家族が、「このケース、心気妄想があるからうつ病の可能性があるのでは？」とか、「このケース、せん妄状態じゃないですか」などと議論しています。先日、ある地域包括支援センターで専門職相手に同じような研修会の1回目を行いましたが、美浜町の普通のご家族のほうが何年も経験がある専門職たちよりもずっと深いケース理解ができるようになっていました。

18時頃から21時まで休憩なしでしたが、出席率は高く、「普通の研修はだんだん眠くなるけれど、この学習会はだんだんと目がさえてくる」などという感想もいただいています。一年間受講した、認知症の義母の介護をしていた女性から「夫が認知症になったらどうしようと不安があったが、認知症の理解もできて、対応の基本もわかったので、不安はなくなった」という感想もいただきました。この学習会のすばらしさは参加者の経験や知恵を集約していくことにあります。私の話よりも、グループワーク、全体討論における参加者の発言がすばらしいのです。人は自分の経験や知識からしかものごとを見ることができません。さまざまな経験をもち、知恵をもった人々が集まって真剣に検討することで、認知症の人を支えるための知恵を蓄積していくことができるのです。学習会を「ひとびとの知恵を集積していく場」として発展させていきたいと考えています。

平成29年にはプログラムの内容改善のために、月1回の学習会を計7か所（福井県内３か所、千葉県内３か所、福岡県内１か所）で行いました。その他に単発の研修会も開催し、静岡大学情報学部の先生方との協同研究、ＩＣＴを利用した教育プログラムの開発にも力を注ぎました。

認知症の医学的な知識を市民のものとすること

認知症は「一旦正常に発達した知的機能が持続的に低下し、複数の認知機能障害があるために、日常生活・社会生活に支障を来した状態」と定義されています。

この認知症の定義のポイントは、認知症が

・本人の要因である認知機能障害（記憶障害、見当識障害、理解・判断力の低下）
・本人と周囲の関係性の中で生じてくる生活障害（ＡＤＬの低下）

の二つのポイントで定義されているということです。

私たちは、脳の機能により、さまざまな記憶や見当識、理解・判断力などのさまざまな知的機能を働かせて、この社会の中で生活しています。認知症とは〈図２〉のように表現することができます。

一部の認知症の人には精神症状が生じてくることがあります。「一部」と書きましたが、軽度認知障害からの全経過で約９割の認知症の人に精神症状が認められるという報告もあるように、実は珍しいものではありません。こうした精神症状には２種類あります。

一つは認知機能障害に伴う精神症状です。たとえば物盗られ妄想を考えてみましょう。認知機能障害があるとそれまでできていたことができなくなったりして、不安が生じてきます。自分を

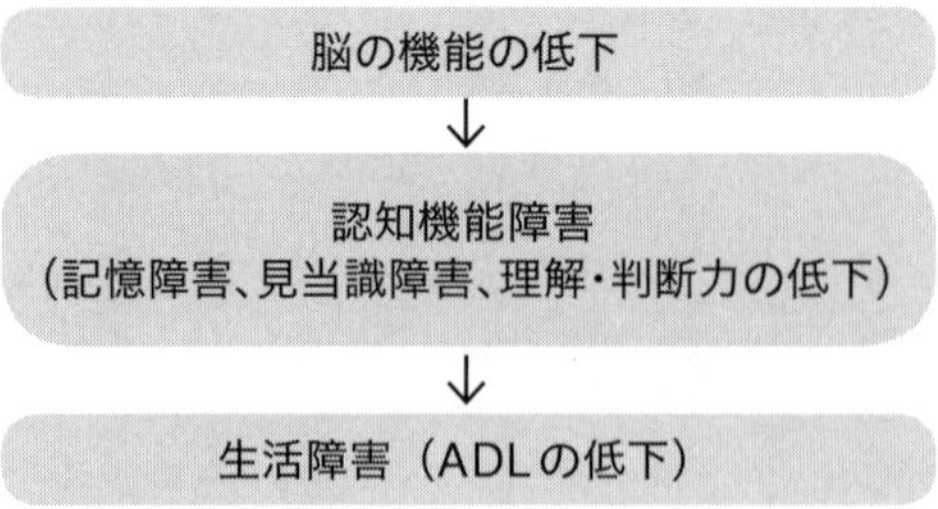

図2　認知症とは

守ってくれるものとしてお金や通帳などを大切にするようになり、誰かに盗られたりしないように工夫してしまい込みます。工夫すればするほど後で見つからなくなったりします。そのときに自分が物忘れをするという自覚がないと、「誰かが盗ったのではないか」と物盗られ妄想を生じたりするのです。これはそもそも物忘れなどの認知機能障害がなければ生じてこない精神症状であり、不安を生じないような環境の調整やケアや対応の工夫でほぼ１００％改善する精神症状です。

もう一つの精神症状が、脳の機能異常、機能低下による精神症状で、統合失調症圏の疾病や感情病圏の疾病によって生じてくる精神症状などがこれにあたります。こうした精神症状を↓に書き加えてみます。〈図３〉

認知症の支援で重要なことは何でしょうか。

それは、「改善可能な部分に働きかける」ということです。認知症においても「改善可能な部分」はたくさんあるのです。

たとえば、〈図３〉で↓の矢印に働きかけるのが、環境の調整やケアです。

・物忘れや見当識障害などの認知機能障害があっても、生活障害を生じないように支援する
・物忘れや見当識障害などの認知機能障害があっても、認知機能障害に伴う精神症状を生じないように支援する
・認知機能障害に伴う精神症状（例：物盗られ妄想など）があっても、生活障害を生じないように支援する

・精神病性の精神症状があっても、生活障害を生じないように支援する

などなど。

それに対して、認知症支援における医療の役割は、〈図3〉における⇓の矢印に働きかけることです。

認知機能障害を生じる脳の機能の低下の原因として、70種類くらいの疾患をあげることができます（表1）。

こうした脳の機能低下の原因のうち、「改善可能な部分」は何でしょうか。

いわゆる「治療可能な認知症」なのです（表2）。

こうした「治療可能な認知症」はたとえばアルツハイマー型認知症の経過中に合併することもあります。たとえば、アルツハイマー型認知症の人が十分な食事をすることができずにビタミンB1、B12欠乏を合併したとか、転倒して数か月後に慢性硬膜下血腫を生じたとか、内服している薬の副作用で認知機能障害が悪化したりすることがあるのです。

こうした「治療可能な認知症」の合併の可能性を常に念頭に置きながら、改善可能な部分を見逃さずに改善することが、認知症医療の重要な役割です。

しかし、実際の認知症支援の現場では、こうした医学的に改善可能な部分が見逃され放置さ

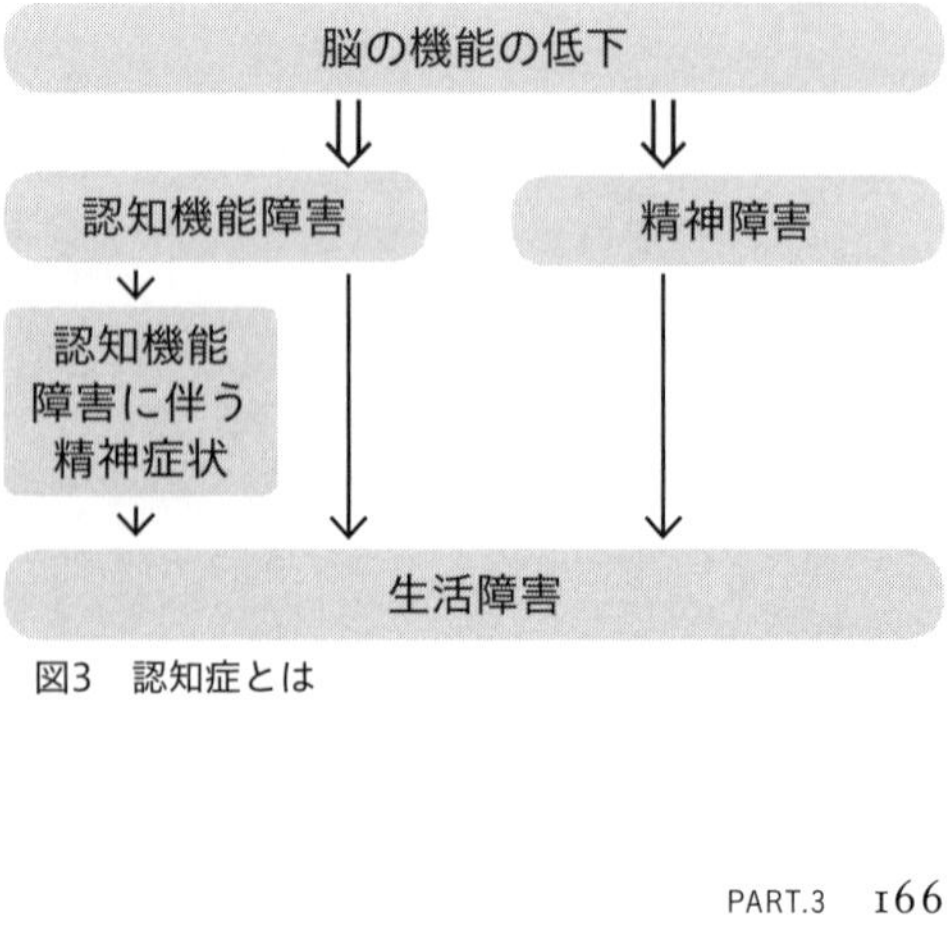

図3　認知症とは

表1　認知機能障害の原因（疾患）

変性疾患	アルツハイマー病、レビー小体病、前頭側頭葉変性症、大脳皮質基底核変性症、進行性核上性麻痺など
脳血管障害	脳梗塞、脳出血
感染症	脳炎、髄膜炎、進行麻痺、エイズ脳症、プリオン病
腫瘍	脳腫瘍
その他中枢神経疾患	神経ベーチェット、多発性硬化症など
外傷	慢性硬膜下血腫
髄液循環障害	正常圧水頭症
内分泌疾患	甲状腺機能低下症など
栄養障害	ビタミンB12欠乏など
化学物質の影響	アルコール、薬物など
意識障害	精神的ストレス、うつ病、統合失調症など精神疾患

表2　治療可能な認知症

	気づきのポイント	医療機関での検査
薬剤の副作用	薬の内服内容のチェック	
うつ病、精神的ストレス	うつ病の症状があるか	
甲状腺機能低下症	むくみ、食欲がないのに体重が増える、皮膚の乾燥、寒がりになる、無気力など	甲状腺ホルモン測定（TSH、F-T3、F-T4）
ビタミンB_1、B_{12}欠乏	食事をきちんとしていない	ビタミンB_1、B_{12}測定
正常圧水頭症	三主徴（歩行障害、認知機能障害、尿失禁）	頭部CT、MRI、タップテスト
慢性硬膜下血腫	麻痺、ふらつき、意識障害など	頭部CT、MRI
意識障害、せん妄状態	状態の時間的変動	

れているケースがたくさんあります。なぜでしょうか。

医療者が、医学的に改善可能な部分、すなわち治療可能な認知症を適切に診断するためには、まず身近にいるご家族や支援者が気づいて医療機関に受診行動を起こすことが必要であり、さらに身近にいるご家族や支援者が医療者に適切に情報提供する能力が重要となるからです。認知症支援のレベルを上げるためには、身近にいるご家族や支援者が医学的に改善可能な部分を理解することが必要なのです。

今後、認知症の人を地域で支えていくためには、こうした認知症の医学的知識を市民のものとしていくこと、さらに適切な医療を適切なときに手に入れることができるような訪問診療の仕組みを全国に普及することが重要だと考えます。

COLUMN 1

見える事例検討会と実際の取り組み

つながるクリニック
八森　淳

見える事例検討会（写真1）は、在宅医療などの現場で多職種で行う課題解決型の実践的な事例検討の手法として2011年3月に開発され、全国で使われるようになっています。この見える事例検討会®（通称：見え検®）の開発経緯について少し触れてみたいと思います。

①見える事例検討会の開発経緯

2009年4月、横浜市金沢区で認知症の医療や介護、福祉、行政、ボランティア活動などに関わる人たちが、認知症サポート医の河本和行医師の呼びかけで集まりました。そこに、私も呼んでいただき、横浜市金沢区との関わりが始まりました。その場所に、見え検をいっしょに開発した社会福祉士の大友路子さん（当時は金沢区内の地域包括支援センターの社会福祉士）も参加していました。そのころ、認知症の方への支援や取り組みについて、さまざまな職種や立場にある人たちがそれぞれ関わっていましたが、有機的に連携することで、もっと良い状況をつくれるのではないかという思いがみんなにありました。そんな中、具体的に支援困難な事例について個別の事例検討を行うことになりました。

写真１　見え検の様子

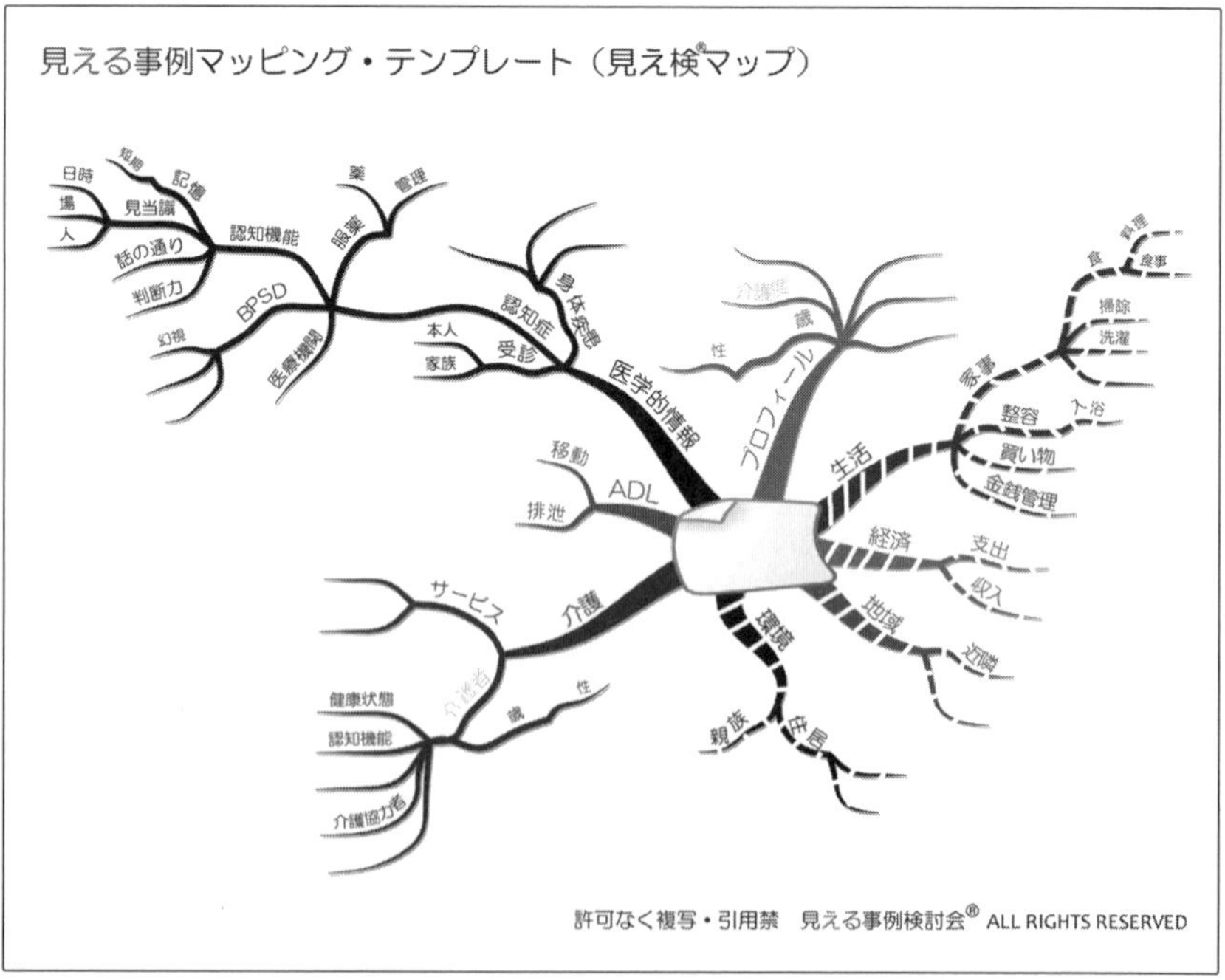

図1　見え検テンプレート 認知症版

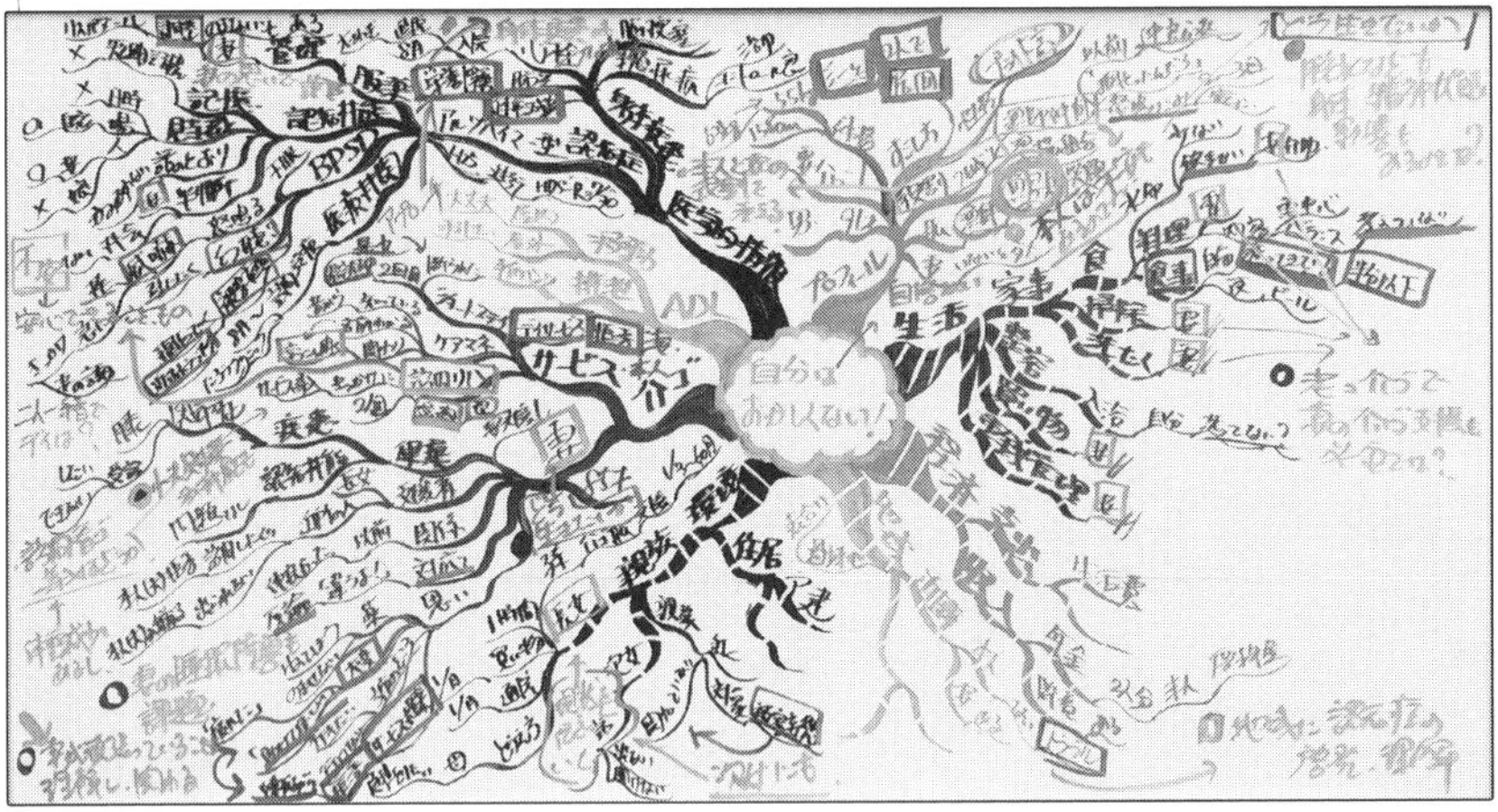

写真２　検討後の見え検マップ（５色のマーカーで作成）

毎月毎月、支援困難な事例について資料をもとに従来の方法で、およそ2時間かけて多職種で検討していきました。毎回、新たな視点、展開が見えて、次回、検討会の内容をもとに関わった結果を確認すると、実際に事例が動いていることに正直驚きました。こうして2年経過した頃、「多職種での検討は効果的だということはわかるが、状況をイメージして捉えるのに時間がかかったり、状況がイメージしにくかったりすることもある。何か改善できる方法はないか」と参加していた弁護士さんから要望をいただきました。

「イメージ」「多領域の情報や課題」「情報の有機的な結合」……。このキーワードを考えていたときに、たまたま思考ツールの一つであるマインドマップと出会うことになりました。マインドマップは、図1、写真2のように、中央から放射状ににょろにょろと伸びる曲線の上に情報となる単語を書いて（文章ではなく単語）、枝（ブランチ）をつないで拡げていきます。中央から放射状に、詳細な情報を先に向かって書いていくことで、マップ全体を見て全体像が把握でき、全体の中でいまどこを議論しているかもわかります。しかも、あるブランチの流れにある情報と、別のブランチの流れにある情報の関係性を求めて思考できる効果があるため、違う領域間の情報の関係が見えてきます。

事例検討に、この思考ツール、この表記方法を使えば、きっと状況がイメージできて、多領域の情報や課題同士の関係が見えてくるに違いない！「在宅」での認知症の支援困難な状況には多領域に課題があり、それらの課題が複雑に絡んでいるが、その把握と分析、検討には非常にマッチしそうだ。私は直感的にそう思いました。これまで検討してきた内容を整理し、必要な情報を8領域に分けて、基本テンプレート（見え検マップテンプレート：図1）を作成しました。

2011年3月、見え検マップをもとに事例検討を行ったところ、「イメージしやすいから状況を早く理解できる」「事例が浮き出てくるようだ」「全体像がとらえやすい」などの声をいただきました。そしてこれは、自分たちだけではなくいろいろな地域で、多職種がいっしょに議論し課題を解決していく手法として広く活用してもらえるのではないか、と考えるようになりました。

そこで、一定の手順を定めたファシリテーション手法を整備し、いまの見え検のスタイルとなり、全国各地にファシリテーターが生まれ、活動しています。

それでは、見える事例検討会の目的、特徴を押さえた上で、見え検マップとファシリテーションについて説明を加えていきたいと思います。

② 見える事例検討会の目的と特徴

見える事例検討会には三つの目的があります。この目的は検討会の前に必ずファシリテーターが参加者に告げて開始します。その目的とは、①課題解決、②支援者の援助技術向上、③支援ネットワーク構築（チームづくり）です。

課題解決が重要な目的の一つであるため、振り返りの事例ではなく、いま、実際に動いている事例を取り扱います。実はこれが、参加者全員の「この方の状況をどうにかしたい」という思いにつながり一体感を生む原動力となります。見える検では最後にアクションプランを検討し、「誰が」「何を」「どの手順で」行うかまで現実的に考えていくので、実際に課題を解決していく効果があるわけです。

ある事例の検討会を通してそこにいたメンバーが新たな支援者として加わることもあります。実際に事例に関わる人たちは検討されたアクションプランをガイドに「いっしょに関わり解決する」という体験を共有できるので、チームを早くつくり、既存のメンバーを含め、メンバー同士のより深い信頼関係を構築できます。直接関わらない参加者も、「その後どうなったのだろう」という感心が高まり、次回の検討会でその後の経過を聞くことで、自分の課題解決への貢献が実感できるのでやりがいがあります。いま、動いている事例を取り扱う効果は地域の支援ネットワークの構築（実践的な多職種のチームづくり）に予想以上の影響を及ぼすと実感しています。

見える事例検討会の五つの主な特徴とそれらによる効果を図2に示します。

特　徴

① 事例に関する配付資料なし
② 独自のマッピングで全体を見える化する
③ファシリテーターが2人＋1（見え検マップ）
（もう1つのファシリテーターである見え検マップが参加者の思考を促進します）
④事例提供はファシリテーターからのインタビューをもとに参加者からの質問で行う
⑤事例に直接関わっていない人も参加する

↓

効　果

①事例提供者の事前準備や負担が少ない
②事例の全体や根底にあるものが自然に見えてくる
③ファシリテートも容易で、みんなで考える雰囲気ができる
④事例提供者の思考にとらわれず、さまざまな意見も出やすい
⑤新しい視点が生まれ、課題の解決に結びつきやすい

図2　見える事例検討会の特徴とそれによる効果

③ 見え検マップと八つの領域

認知症版「見え検マップ」の基本骨格は、中央の「本人のよく言う言葉」（図1では空白の四角）と、中央から分枝する八つのカテゴリーで構成されています。中央から分枝する太い枝を「メイン・ブランチ」と呼んでいます。そのメイン・ブランチは、①プロフィール、②生活（IADL：手段的ADLなど）、③経済、④地域、⑤環境、⑥介護者、⑦ADL、⑧医学的判断で構成されています。いずれの領域の枝も、いつも取り扱っているものばかりですが、このように放射状に配置することで、ある情報（単語）を違う領域の情報と関連づけて考えやすくなります。そのため、難しいと言われる全体思考が促されます。そして、進行中の議論が全体の中で位置する部分を直感的に理解できるようになります。テンプレートに基づき、いつも同じ場所に、

同じ色で情報（単語）を書いていくことで、領域ごとの情報をまるで映像をキャプチャーするようにイメージとして早くとらえることができるようになりますので、状況理解が早く、議論が進みやすくなる効果があるわけです。

なお、このテンプレートは認知症以外のほとんどの事例にも適応できますが、たとえば統合失調症や緩和ケア（がん、非がんを含む）では、疾患特異的な情報を得やすいように、このテンプレートをモディファイ（修正）した別のテンプレートがあります。

④ 見え検のファシリテーション

「多職種」「フラットな議論」「発言したくなる」「全体像をとらえる」「課題の解決策が出てくる」「検討会後、実際に動きたくなる」こんなキーワードを頭に浮かべながら、独自の手順とファシリテーション手法を用いた見え検のファシリテーションを考案しました。見え検のファシリテーションの特徴は、①テンポを大切にする、②2人のファシリテーターが役割を決めて行う、③見え検マップが3人目のファシリテーター、④ファシリテーターの2人は「ここはどう?」「この課題は何?」といったような、自分の分析に基づいたファシリテーションはしない（それでも、検討会を進めていけて、課題、解決策まで出るので不思議な構造になっています）、⑤質問や意見が自然と出てくる（ファシリテーターがほとんど聞かないファシリテーションという仕掛け）、⑥参加者同士が対峙せず、全員が見え検マップに向かって話すのでフラットな構造で意見が出やすい、といったものです。これまでの事例検討とはずいぶん違うので、一度体験していただきたいと思います。

また、見える事例検討会は、一体感をもてる検討会と言われ、チームづくりに大きな効果を発揮します。まず座り方ですが、参加者はホワイトボードを前に放射状に前を向いて座ります（写真1）。参加者の視点は事例の情報や議論の内容が書き込まれる見え検マップに向けられます。そのため、検討会の最中はホワイトボード上の見え検マップに向けて視点が一つになります。

そして、見え検マップの効果で対象者の人となりやご家族や他の人との関係性、生活もイメージできる構造になっていますので、専門職種としての意見だけではなく、生活者でありいろいろな人生体験をもつ個人として一人称の意見が出せる検討会と言われています。そんな検討の中で、参加者の発言内容や雰囲気から、発言した参加者が「どう思って」支援を行っているのか、「どんな情報やアイデア」をもっているのか、「何をしてくれそうなのか」「どんな人となりなのか」などがわかってきます。ですから、一般的な挨拶や会話の中で相手を知るのとは異なり、「互いの尊重」が生まれやすい構造になっていると考えられます。さらに検討は、事例提供者に視点が注がれるのではなく、事例の解決に視点が向けられるため、事例提供者が責められる感じはなく、むしろ「自分をサポートしてもらえる」といった感想を事例提供者からいただくことも多くある検討会です。議論も批判や論戦形式ではなく、相互支援を目的とした非対峙型の構造をもっているので、これも「互いの尊重」が生まれ、仲間意識を醸成させる効果があると言われます。

5 見え検の効果と実際の活用事例

見える事例検討会は、北は北海道から南は沖縄、石垣島まで全国にファシリテーターがいて活動しています。新たな多職種チームができてその輪が広がったり、すでにあったネットワークが強化されたりといろいろな活動事例がありま す。いくつか特徴的な活用事例を紹介します。

①多職種のネットワークづくり

医師会、研究会、行政などが見え検を導入し課題解決、援助技術の向上、ネットワーク構築に活用している事例が最も多いと思います。一つの医療機関や訪問看護ステーションが地域づくりやネットワークづくりのために導入している事例もあります。新規開業で地域とのネットワークを新たにつくったり、すでに活動している医療機関が地域とのつながりを構築したりするために活用して成功している事例も多くあります。見え検は、特に多職種のネットワークづくりに大きな効果をもっていると言えます。

②認知症の初期集中支援チームで活用

見え検マップは認知症の方の状況把握を包括的に、しかも短時間で行う効果が高いため、時間の制約がある場面で有用です。このことを活かして、1回のチーム会議で5例以上の事例を検討している所もあります。あらかじめ情報をマップに書き出しておいて、会議で議論し追加することで、課題と解決策、アクションプランを短時間で決めていける効果があるようです。

③外来診療での活用

認知症の方などのインテーク（最初の面接等）に見え検マップを使い全体像を短時間でとらえます。医師が診察するときには大方の情報があるためそれをガイドに深い質問、分析ができ、短い外来時間で効果的な診療ができます。スタッフが生活を含めて、患者さんのことを知るいい機会になるという意見もいただきました。また、マップを見せながら外来診察をしたところ、普段はあまり話さない患者さんがマップを指さしながらいろいろと話し、治療に参加してもらえたという報告もあります。

④特定事業所加算（居宅介護支援事業所）の算定要件になる事例検討会に活用

2018年度から義務づけられた複数の特定事業所の検討会で用いているところも増えています。少ない準備で検討会が行えること、参加しやすいことなども一つの要因と思われます。

⑤認知症の方の情報収集と整理のために見え検マップを活用

ケアマネジャーや医療機関の看護師、精神保健福祉士、社会福祉士などがインテークやその後の情報収集と情報の整理に活用している例もあります。見え検マップを使うことで、包括的に情報収集ができるとともに、1回の訪問や外来で収集しきれていない情報が明確になるため、計画的に偏りのない情報収集ができて、しかも、マップを提示することで共有も早く行うことができます。

⑥地域ケア会議の個別事例検討

見え検マップは思った以上に地域の方々にもわかりやすいようです。当初私たちも心配したのですが、地域の方々からは「いろいろな会議があるが、このほうがわかりやすいし話しやすい」などと感想をいただきます。またある地域では、担当者から「地域の方々があんなに意見を言って、自分たちから何かしようということを言ってくれるとは思わなかった」と、地域の方々が自ら関わるポジティブな意見が出やすいと感想をいただいたりします。地域ケア会議での個別事例検討は各地で行われていて、やりやすく馴染みやすいようです。

⑦退院カンファレス

退院版の見える事例検討会は15分から20分で行う方法です。短時間に病院スタッフと在宅のスタッフが情報と状況を共有し、生活をイメージした退院支援を行うためのツールとして有効だと思います。

見える事例検討会の概要を紹介しました。

全国でいろいろな人たちに長く使っていただいている、多職種で行う、解決につなげる実践的検討会の手法ですが、当初予想していたよりも効果的だと感じています。しかし、まだまだ十分とは言えません。新たに自分の地域にも導入したい、ファシリテーターになりたいと思われる方はぜひご連絡ください。

●見える事例検討会事務局：
E-mail: staff@tsunagaru.clinic
TEL: 045-848-2700（つながるクリニック内）
●見える事例検討会　Facebook：
https://www.facebook.com/mierujirei/

〈参考文献・図書〉

1）八森淳．大友路子．みんなでつくる地域包括ケア　見える事例検討会～これで課題が見える、解決ができる～．p.1-104．株式会社メディア・ケアプラス．２０１５．10
2）八森淳．こうすれば多職種で患者が見えてくる！～見える事例検討会の実際～．総合診療のGノート．P587-593．羊土社．２０１５．８
3）八森淳．見える事例検討会（見え検）：マインドマップを応用した多職種カンファレンス．治療 97 (1) p96-101．南山堂．２０１５．１

COLUMN 2

身体疾患の治療選択における認知症の人への意思決定支援
——精神科の視点から

京都府立医科大学大学院
医学研究科精神機能病態学
成本　迅

① はじめに

認知症の人が、がんや肺炎などの身体疾患にかかり治療を要するようになったとき、どのようにご本人の意向をくみ取ったり、了解を得たりしながら治療を進めていけばよいかは、急性期病院において大きな問題となっています。在宅医療では、もともと病院に通うことが難しい患者さんを対象にしていますから、急性期病院への入院が必要になったとき、積極的な治療をめざして入院を選択するのか、あるいは治療の選択肢は狭まったとしても住み慣れた自宅での療養を継続するのか、難しい決断を迫られることがあります。そういったときに必要になるのが、ご本人の意向を中心としたご本人、ご家族への意思決定支援です。

私たち認知症の人に関わる医療関係者は、多かれ少なかれ果たしてこの治療方針でよかったのかなと疑問に思う経験をしています。京都式オレンジプランの改定にあたり医療介護の専門職に対して行ったアンケート調査[1]では、「人生の終末に至るまで、わたし（認知症の人）の思いが尊重されると思う」という項目に対して、「とてもそう思う」、「少しそう思う」と答えた人の割合はわずか15%でした。それだけ、専門職はご本人の意思を尊重できていないと感じているということです。

ここでは、どのようにすれば、ご本人の思いに近い治療方針を選択することができるのか、またどのようにその選択を共有していけばいいのかについて、少し考えてみたいと思います。

②「認知症高齢者の医療選択をサポートするシステムの開発」プロジェクト

私たちは、平成24年から3年間にわたり、科学技術振興機構の社会技術研究開発センター(JST/RISTEX)に設定された「コミュニティで創る新しい高齢社会のデザイン」研究開発領域からの助成を得て、この問題を研究する機会を得ました。そこでは、認知症の専門医と法律家や介護関係者など多職種と家族が参加して、法的な観点からの課題や現場での実務上の課題と解決策について話し合いました。その中では、医療同意能力を評価する手法を開発したり、認知症の人から意向をくみ取るためのコミュニケーションの工夫を検討するグループと、意思決定までのプロセスを検討するグループに分けて取り組みました。

まず、近年提案されたガイドラインや制度設計の試みについて概観しました。法律の立場からは、日本弁護士連合会による「医療同意能力がない者の医療同意代行に関する法律大綱」が発表され[2]、同じく法律の立場から、成年後見センター・リーガルサポートの医療行為の同意検討委員会による最終報告が出ていました[3]。医療の側からは、日本老年医学会が『「高齢者の終末期の医療およびケア」に関する日本老年医学会の「立場表明」2012』[4]および「高齢者ケアの意思決定プロセスに関するガイドライン　人工的水分・栄養補給の導入を中心として[5]」が発表されています。また、行政も厚生労働省が「人生の最終段階における医療の決定プロセスに関するガイドライン[6]」を発表し、多職種チームと患者、家族との共同的な意思決定を推奨しています。法律の整備からのアプローチについては、残念ながらその後の進展はないようですので、現場ではガイドラインを参考に個々の状況に応じて対応していくことになります。

　ではこのようなガイドラインを医療現場に導入していくにはどのような工夫が必要でしょうか。わたしたちの意見としては、

①ご本人の医療同意能力を評価し、低下していればその理解を助ける工夫をすること、

②家族を含む多職種で意思決定を行うプロセスを医療従事者や介護福祉関係者が共有すること、が必要ではないかと考えています。

　まず、医療同意能力評価について紹介したいと思います。医療同意能力は、理解(understanding)、認識(appreciation)、論理的思考(reasoning)、選択の表明(expressing a choice)の4つの要素からなるとする4要素モデルが一般的に用いられます。医療行為の複雑さやリスクによっても必要とされる能力は異なるとされており、インフルエンザの予防接種のようにメリットが明らかでリスクも低いものについては低い能力でも有効な同意とすることが可能で、がんの手術などリスクが高く予後にも大きな影響がある治療については、ご本人の同意だけで治療を進めるには高い能力が必要という考え方が取られます。また、評価にあたってはご本人が一番状態の良いときを選んで行う必要があり、難しい医学用語や治療方法については、図で示したり言い換えたりする工夫が必要です。身体状態が悪いときにはせん妄が見られたりして理

解力や判断力が一時的に低下している場合がありますが、時間的に猶予がある場合は状態改善を待ってもう一度同意を取ってみることが必要です。実務的には、すべての治療行為についてご本人の理解を詳しく確かめることは現実的ではありませんので、手術や化学療法など、侵襲性が高く予後に大きな影響のある治療について、まず治療チームで本人同意が有効か、あるいはより詳しい検討が必要かを評価し、必要であれば半構造化面接法を用いた詳しい評価を行うという進め方になるかと思います。

半構造化面接法にはいくつかの方法がありますが、代表的なものとしては、MacArthur Competence Assessment Tool-Treatment (MacCAT-T)が挙げられます。[7] 個別の医療行為について、その内容、治療の選択肢などの理解、認識、論理的思考、選択の表明の4つの要素に分けて評価するようにデザインされています。所要時間は20～30分で、下位項目の質問それぞれについて点数化するようになっていますが、何点以上なら同意能力ありと自動的に判定するようなカットオフ得点が設けられているわけではなく、最終的には点数を参考にして総合的に評価します。ただ、点数をつけることによって評価の客観性が高まり、どの領域の能力が低下しているかも明らかにすることができるというメリットがあります。説明内容は治療ごとに作成する必要があって簡単に施行できるわけではありませんが、抗認知症薬に関するMacCAT-Tの記録用紙や評価基準を作成したので参考にしていただけたらと思います。次のURLからダウンロードが可能です。

・MacCAT-T（抗認知症薬）記録用紙
http://researchmap.jp/muysmhs6g-56600/#_56600
・MacCAT-T（抗認知症薬）評価基準
http://researchmap.jp/munvo5fda-56600/#_56600

在宅医療でもしばしば問題となる治療拒否については、治療内容や予後について十分理解した上での拒否なのか、理解が不十分であったり、うつや妄想などに影響されたりした拒否なのかを見極めることが重要になります。拒否の場合には、それまでの信頼関係の構築や生活面も見渡した上での提案が必要になりますので、たとえ急性期病院の治療の場では拒否的であったとしても、在宅医療によってご本人の生活の場で少し時間をかけて関係を構築していけば、QOLを維持するための必要最低限の治療についてはは受け入れられることもあるでしょう。精神科の診療では、ご本人に治療のモチベーションがないことはよく経験します。当初は治療を拒否しているところを、治療関係を構築して必要性について粘り強く説明したり、拒否している心理的な背景を探ったりして、ご本人にとって必要と思われる治療につなげていくことを試みます。

PART1の座談会での内田先生の発言にもありますが、このような経験とスキルは、認知症の人の在宅医療においてとても重要な役割を果たすのではないでしょうか。

プロジェクトの中であらためて浮き彫りとなった課題は、ご家族への意思決定支援の重要性です。医療従事者は、キーパーソンがいるとどうしてもその人に決定を委ねてしまう傾向にあります。その結果、ご家族は決断に悩み、決断した後もこれでよかったのかと後悔されていることがインタビュー調査から明らかになりました。インフォームドコンセントの概念が普及するとともに、自己決定の重要性が強調されすぎて、私たちは治療の選択肢をただ提示するだけになってしまっているのではないかと反省させられました。専門職としてどのような選択肢を推奨するのかなどご家族の判断の参考になる情報をもう少し踏み込んで提供する必要があるのかもしれないといまは考えています。

意思決定のプロセスについては、成年後見人やケアマネジャーから、自分たちが関与していないところで決められてしまうことがあるという意見が出されました。成年後見人は、ご本人が元気なときから関わっている場合もあり、もともとの意向に関する情報をもっている場合もあります。また、治療費やその後の生活費を管理する役割を果たしていますから、治療内容と予後について情報共有しておくことは重要でしょう。また、地域で関わっているケアマネジャーや介護施設職員も、ご本人の生活やもともとの意向に関して情報をもっていて、決定プロセスに参加してもらうことでご本人の意向により近い選択が実現すると考えられます。このような多職種連携による決定プロセスについては、先進的な取り組みがいくつかあります。診断後すぐかららの縦断的、かつ包括的な取り組みについては、本書の平原先生の章をぜひ参考にしていただけたらと思います。

③ プロジェクトで作成したガイドについて

プロジェクトでは、医療従事者向け、地域支援者向け、認知症の人と家族（地域住民）向けの3種類のガイドを作成しました。これらのガイドは、次のホームページの「研究開発の成果」からダウンロードが可能で、印刷して自由に利用していただけます（http://j-decs.org/）。

病院に勤務する医療従事者向けガイドには、医療従事者が少しでもご本人の意向に気を配り、他の職種とタイミングよく連携して治療方針を立てていけるようになるためのヒントを掲載しています。地域支援者向けのガイドは、病状が安定しているときから病院での意思決定に備えたり、支援したりできるようになることをめざして参考になる情報を掲載しています。認知症の人と家族向けのガイドには、病院での意思決定に備えることの重要性や医師とのコミュニケーション方法などを盛り込んでいます。一般の人には、急速な医療技術の進歩で、どのような治療が行われ、どのような選択を求められるのかがとてもわかりづらくなっています。地域住民への健康セミナーなどの機会に、予防や早期発見にとどまらず、どのような選択が求められるかを伝えていくことを提案したいと思います。

④ おわりに

本稿では、意思決定支援について特に在宅医療に関連した課題と成果について紹介しました。プロジェクト全体の成果については、メンバーで分担執筆した書籍をぜひご覧いただきたいと思います。[8] 在宅医療を主体にしていても一時的に入院するほうがいい場面もあるでしょう。そのようなときには、急性期病院との情報共有が重要になります。高齢者の相談窓口である地域包括支援センターや、福祉事務所、保健所などの行政機関との連携も重要になってきます。在宅医療をうまく進めている医師は、それぞれのプレーヤーの役割や強みをよく知って生かすことで、患者さんの支援を分厚く切れ目のないものにしているように見えます。多職種連携も精神科医が得意とするもので、これまでのトレーニングや経験が生かせるのではないでしょうか。

〈引用文献〉

1）京都地域包括ケア推進機構：認知症総合対策推進プロジェクト．京都式オレンジプラン10のアイメッセージ評価報告書．2018．
2）日本弁護士連合会：医療同意能力がない者の医療同意代行に関する法律大綱．

http://www.nichibenren.or.jp/library/ja/opinion/report/data/111215_6.pdf（２０１７年３月26日アクセス）
3）成年後見センター・リーガルサポート医療行為の同意検討委員会：医療行為における本人の意思決定支援と代行決定に関する報告及び法整備の提言．https://www.legal-support.or.jp/akamon_regal_support/static/page/main/pdf/act/index_pdf10_02.pdf（２０１７年３月26日アクセス）
4）日本老年医学会：「高齢者の終末期の医療およびケア」に関する日本老年医学会の「立場表明」２０１２．http://www.jpn-geriat-soc.or.jp/proposal/pdf/jgs-tachiba2012.pdf （２０１７年３月26日アクセス）
5）日本老年医学会：高齢者ケアの意思決定プロセスに関するガイドライン　人工的水分・栄養補給の導入を中心として．http://www.jpn-geriat-soc.or.jp/proposal/pdf/jgs_ahn_gl_2012.pdf（２０１７年３月26日アクセス）
6）厚生労働省：人生の最終段階における医療の決定プロセスに関するガイドライン．http://www.mhlw.go.jp/file/06-Seisakujouhou-10800000-Iseikyoku/0000078981.pdf（２０１７年３月26日アクセス）
7）Grisso T, Appelbaum PS: Assessing competence to consent to treatment; a guide for physicians and other health professionals. New York: Oxford University Press; 1998.（北村總子，北村俊則・訳．治療に同意する能力を測定する　医療・看護・介護・福祉のためのガイドライン．東京．日本評論社，２０００．
8）成本　迅：認知症の人の医療選択と意思決定支援．クリエイツかもがわ，２０１６．

PART.4

PART.4

座談会

在宅医療に関わる精神科医として それぞれの立場から

（開業医、常勤医、非常勤医）

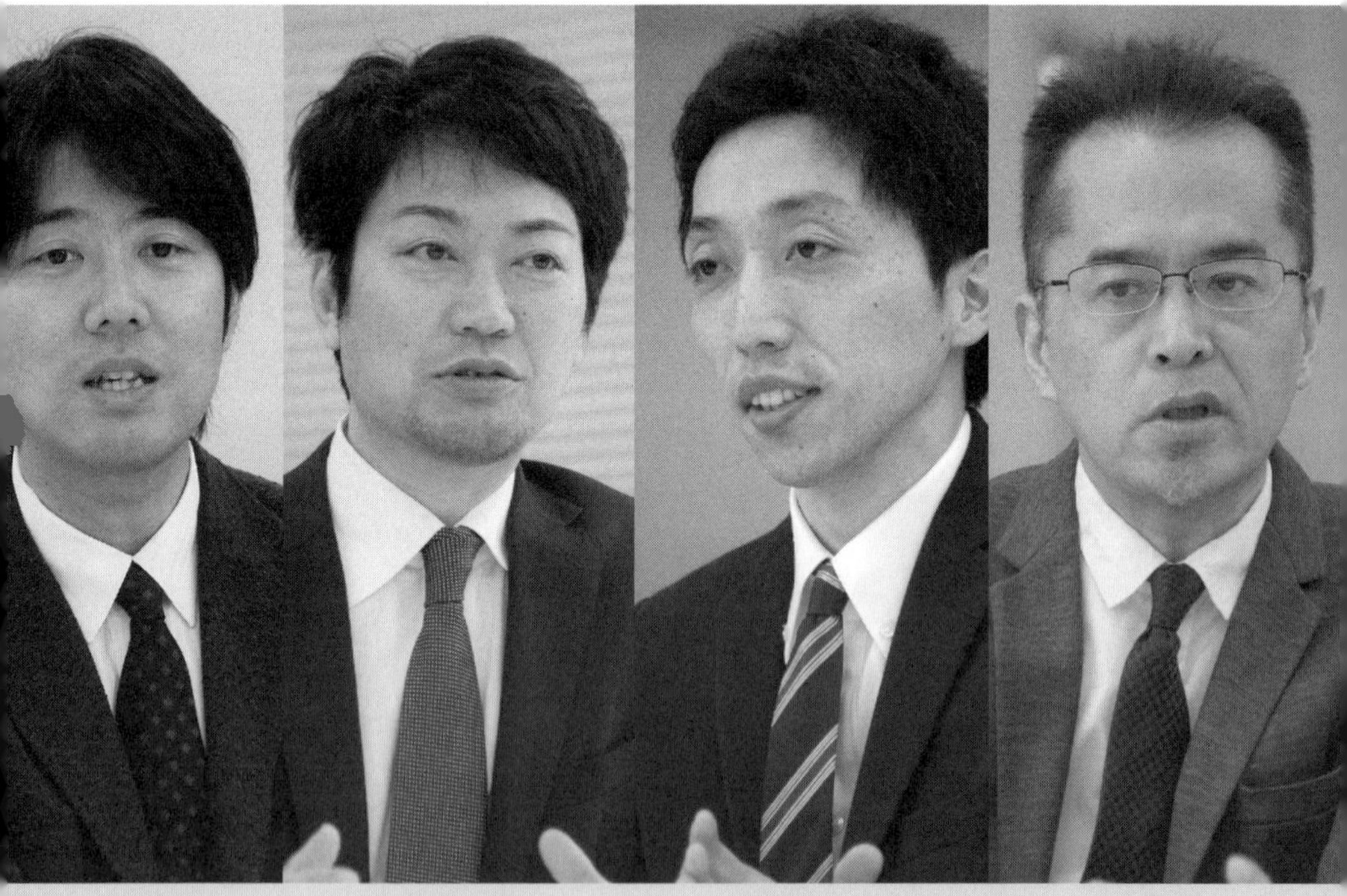

会／内田直樹
療法人すずらん会
たろうクリニック

浦島　創
医療法人すずらん会
たろうクリニック

夏堀龍暢
医療法人社団鉄祐会
祐ホームクリニック

園田　薫
医療法人恒昭会
藍野病院

内田　この座談会のテーマは「在宅医療に関わる精神科医としてそれぞれの立場から」です。開設者・開業医として浦島先生、常勤医として夏堀先生、非常勤医として園田先生に、それぞれの立場からの話をうかがいたいと思います。

＼*1* 在宅医療に関わるまで／

浦島　私は大学を卒業して3年間、産婦人科医をしていました。緩和ケアをしたかったのですが、当時は緩和ケアを担当する部門がなかったので、いろいろ悩んだ末に産婦人科に行って緩和ケアをしようと考えたわけです。

産婦人科医をしているうちに、精神科でカウンセリングを勉強して自分のキャリアに役立てたいと思って、福岡大学の精神科に移りました。そのまま緩和ケアチーム、リエゾンをしながら、精神科のキャリアと緩和ケアの両方ができるということで、開業して在宅医療を始めたという経緯です。

夏堀　私の在宅医療との接点という意味での始まりは２０１１年です。祐ホームクリニックの開設者は東京大学循環器内科の武藤真祐医師ですが、地域で精神科のニーズが大きいからと、武藤医師から私の所属している東京大学精神科の医局に医師派遣の要請があり、私ともう1人の医師が非常勤で行くようになったのです。祐ホームクリニックの非常勤医師は当時もいまも、循環器や消化器内科をはじめ、いくつもの専門科から週1回ほどの頻度でたくさん来ています。

当時、精神科は特殊科という扱いでした。仕組みは少しずつ改善を重ねていますが、もともとはみな一般内科の診療で、医師が地域を分担して訪問する方式でしたが、皮膚科や精神科については最初、地域の範囲を広げてニーズのあるところに広く行っていました。

私は学生の頃、プライマリ・ケア（総合的な医療）や家庭医療に興味がありました。しかし該当の講座はありませんでした。当時東京大学でプライマリ・ケアに近い診療を行っていたＥＲ（Emergency Room／救急救命室）を見学していたときに、ついていた上級医師から「みんながジェネラリストだとここでは役に立たないからサブスペシャリティをもつべきである」という話を聞きました。私は、何か専門をもっていることがジェネラリストの現場では活きるということだ、と解釈し、半信半疑でしたがどこか納得したことを覚えています。

それで、プライマリ・ケアをするにしてもやはり専門性はもつべきだと考えて、臓器別で選択するのであれば、高次脳機能や、自我とか、自由意志はあるのかないのかとか、そういうところに興味があって選択したわけです。

そのなかでたまたま非常勤の機会に恵まれ、大学院に行きながら勤務し始めました。最初は精神科を担当していましたが、広く在宅医療のエフォート（割く労力）を増やしたいと思い、武藤医師に相談して少しずつ増やしていきました。

大学院を卒業するときに医局の笠井清登先生に「地域であるべき医療の姿を、地域に入り込みながら模索したい」と相談し、２０１５年から祐ホームクリニックで常勤医師として働くようになりました。

現在祐ホームクリニックでは、精神科をサブスペシャリティーとして、基本的には他の医師と同じように全般を担当しています。

園田　私は高校のときに心理学に興味をもち、早稲田大学第一文学部心理学科に入学しました。入ってわかったのですが、早稲田は実験心理学のメッカでネズミの条件反射などが中心でした。自分の思っていたものとは違って興味がもてず、卒業後は社会人経験を経て佐賀医科大学（現佐賀大学）に入り直しました。

ここはプライマリ・ケアを重視する大学で、福井次矢先生（現聖路加国際病院）の授業などで学び、プライマリ・ケアもしたいと思いつつ心理的なこともしたいと思って、卒業後は精神療法が盛んな福岡大学精神科に入りました。

私のなかで、なりたい精神科医像があります。それは、三層のピラミッドの一番上に専門性があり、真ん中の層に一般的な精神科医療ができて、一番下の層にプライマリ・ケアができるというモデルです。自分でそういう精神科医になりたいという思いがあり、福岡大学には10年いましたが、まずそこで一般の精神科医療はある程度できるようになりました。

次に、家庭の事情で大阪に移り、茨木市の藍野病院という認知症に熱心な病院に勤めました。岸川雄介先生のもとで基礎から認知症の専門的な勉強をしました。もう12年になります。

この病院の前身は単科の精神科病院ですが、現在は杉野正一院長のもと、透析や手術など何でもできる総合病院です。各専門医がいて、身体的なことは私が何かをするよりも専門の先生に任したほうがいいという立場で、実際プライマリーなスキルはあまりついていませんが、12年診ていくなかで、この人は早急な対応が必要だなどの勘だけはつきました。
そんななか２０１２年の日本老年精神医学会で、上野秀樹先生の「認知症の人への精神科訪問診療の試み」という講演を聞いて衝撃を受けました。そういう発想がまったくなかったからです。

これらが頭にあったので、２０１５年に茨木市に初期集中支援チームができて、私に専門医としてチームに入ってほしいとの依頼はすぐに受けました。チームを始めてみて、ある人はすごく医療につながる一方で、やはりどうしても拒否する人がいて、医療により改善が見込めても、その人には継続したアプローチができないということがありました。これが訪問診療ならもっと行けるのではないかと、そういう思いもありました。

そのときに運命のように（笑）、たまたま私の携帯電話に浦島先生の名前を見つけました。浦島先生が精神科の在宅医療をしているということは聞いていたので連絡を取り、たろうクリニックに見学に行きました。すごくおもしろそうだと思い、２０１６年７月から非常勤でお世話になっています。私は内科的なことに不安がありましたが、わからないところは教えてもらいながら何とかやっています。

2 在宅医療における精神科医

① 在宅医療クリニックを開業したわけ

内田　浦島先生は産婦人科医だった時期があり、夏堀先生も園田先生もプライマリ・ケアに興味があったということです。その身体科への興味が、精神科医が在宅医療に関わるときの共通点として、なるほどと思いました。もう少し詳しくうかがいたいと思います。

まず浦島先生です。一般的に精神科医のキャリアというと、現状では精神科病院で働くか、心療内科クリニックを開業する場合が多いと思います。開業となると、心療内科クリニックを指向する精神科医も比較的多く、そのほうが初期投資も少なくできるとされています。しかし先生が9年前に在宅医療のクリニックを選んだのは、どういう発想だったのですか?

浦島　当時は在宅医療の制度ができて数年たった頃で診療報酬もかなりよく、内科の先生たちが在宅医療を始めて、在宅療養支援診療所がすごく増えている時期でした。私はそれまでずっと開業しようとは思っていましたが、まだ緩和ケアの病棟でアルバイトをしながら精神科のクリニックをする程度のイメージでした。

そんなときに「在宅医療というものがある」と聞いて、それこそ自分がやりたいことができる場所だと思ったので、福岡大学の当時の教授に相談したところ、在宅専門クリニックにアルバイトに行けることになりました。そして週1回午前中、とにかくどういうものか見るつもりで行きました。そこで自分がやってみようと思ったのです。

その当時、私には開業資金もほとんどありませんでした。大学に勤めていて、患者さんを開業先に引き継ぐことも考えていなかったので、当初は非常に苦労しました。最初の月は収入が数万円だったことを覚えています。

ですから、きちんと計画せずにポンと入ってしまったのが実状です。

内田 始めている人が少しいて、もともと緩和ケアもやりたかったから、やりたいことがやれそうだということだったのですね。

浦島 そうですね。ワンルームマンションで看板が出せるところを探して、そこに寝泊まりしながら、とにかく経費を抑えて、収入が伸びなくてもなんとかのたれ死にしないように……(笑)。

内田 訪問診療の収入には限界があって、往診で稼いでいたところもあったということですね。

浦島 在宅クリニック間での競争が激しかったので、このままではまずいと思い、精神科医を前面に出してニッチ(隙間)を狙っていこうと……。あとは特別養護老人ホームなど診療報酬の点数が取れるところを調べたり、なんとか生き残れる道がないかと自分でダイレクトメールを作り、電話もかけまくりました。100軒くらいかけたら3軒くらい反応がありました。後でセールスの本を読んだら、3%の反応率はいいほうだとわかりました(笑)。

最初は看護師も1人、半年間は医療事務も全部自分でしていました。それでなんとか生き残ったわけです。

2 在宅医療クリニックでの精神科医の働き方

内田　夏堀先生は、ERで言われた「ERにいるにしても少し専門性があったほうがいい」というところが、いまは在宅医療で、専門性はありながら全般的に診ているということかと思います。

一方、私たちのたろうクリニックは精神科を前面に押し出しているので、ちょっと特殊かと思っています。ですから在宅診療を行うクリニックで精神科医として働くのがどんな形なのか、想像がつかないところもあります。

夏堀　まず、一般の診療は特に分け隔てなく依頼を受ける形にしているので、入り口で特に「精神だから」という理由では区別していません。

ですがたとえば、精神科病棟でよく見られるような症状があり、再発と寛解とを繰り返すようなケースでは、やはり関わり方で苦労しています。医師も看護師も事務職員も、精神疾患に関わった経験の少ない職員が多いので、どこまで医療的に介入できて、どこからはできないと説明してよいとか、もともとそこに不安を抱えながら対応していて、最近は大きく改善しているものの、継続的に配慮が必要であると考えています。

また、祐ホームクリニックでは夜間の電話対応を医師が行っていますが、当番で入っていただく医師が疲弊してしまうリスクには注意を払っています。たとえばストーマから大出血していて当事者、ご家族から電話が入り、止血してほしいという依頼が夜中の2時、3時にある一方で、同じくらいの時間に「寂しくて寝られない」という訴えが電話で入ります。寂しいという内容の電話は、場合によっては同じ方から一晩に十数回ということもあります。特に後者の問題は日中の業務のなかで整理したいところで、クリニック全体で気をつけています。

一例として、地域の連携による対応が解決に結びつきそうな場合には、文京区の事業で、精神疾患の24時間電話対応を請け負っている法人と連携します。この場合対象は文京区民に限定されますが、たとえば重い統合失調症の症状をもつ方の場合などは事前に紹介状の形で情報共有し、電話の相談内容によってクリニックと当該法人とを使い分けるという形で協力しています。先方にとっては何かあれば医療機関であるクリニックに24時間電話できる安心感がありますし、逆に重い精神症状を患う方であれば、自分たちの関わるべきケースだとやりがいをもって取り組んでいただいています。

いくつかそういう工夫をしながらサービスを提供しています。

内田　地域のリソースを使いながら、というところですね。比較的若い統合失調症の人やうつ病の人も訪問診療で診ているのですか?

夏堀　はい、そうです。

内田　たろうクリニックでは主に認知症の高齢者に対する訪問診療を行っているので、最近は「精神科訪問診療」ではなく「認知症訪問診療」と言い換えています。

認知症高齢者を中心にしているのは、まさにいまの話で、主に精神疾患が中心の若い人たちがそこに入ってくると、電話対応の待機者などに戸惑いや混乱が大きいからです。待機医も精神科医だけではありません。内科の先生にも待機をしてもらうし、ファーストコールは看護師が受けますが、それも精神科の経験がある看護師ばかりではありません。もちろん、まったく受けないわけではないのですけれども……。

夏堀　状況は似ているかもしれません。日々、待機の医師がいますが、精神科の医師で電話を持つのは私だけで、8~9割は非精神科のバックグラウンドの医師です。どうしても、医師の疲弊につながるケースが時にありますから、その都度対処して、なんとか問題を整理している面はあります。

3 もの忘れ外来と訪問診療

内田　園田先生は、大阪の病院でもの忘れ外来を担当し、たろうクリニックでは訪問診療ですが、そこの違いやそれぞれのメリット・デメリットについていかがですか?

園田　もの忘れ外来は受診までにハードルがあります。やはり病識がなくなっていく人が多く、ご家族が説得してもご本人が「行かない」と言えば、病院としては「何とかして連れて来てください」と言うしか方法がありません。ご家族も「健康診断のため」などいろいろと説得を試みますが、診察室には「もの忘れ外来」と書いているので、そこで受診が中断してしまったり、「自分は病気じゃない」と、患者さんとご家族がトラブルになったりすることもあります。それが一つです。

また、地域で希望があれば認知症の出前講座にも行きますが、いろいろ話をしても「先生のお話、すごくわかりました。でもうちのおじいちゃん、『認知症じゃない』って受診しないんですよ」と、やはりそこに行き着きます。

だから、当事者やご家族が本当に困っていて、助けが必要な人は地域にたくさんいるけれども、もの忘れ外来に来ているのはその一部という感じで、これは何とかならないのかと思います。往診も考えましたがやはりコストの面で見合わないということで、なかなか病院としても認めにくいということがありました。

やはり病院にいる限り、もの忘れ外来にしても入院にしても、受け身の医療です。他の身体的な病気なら、調子が悪いから専門医に診てもらおうと患者さんは自ら受診しますが、認知症の場合は本当に必要な人が来ないことが多いわけです。だから、認知症の専門医は出かけて行かないといけないのではないか、一つの選択として訪問診療は必要なのではないか、これまで訪問診療がなかったので外来にも入院にもフィットしない人たちが取り残された状態でいたのではないか、と思えます。

それをいま、国は初期集中支援チームという形で吸い上げようとしています。私もそのチームに入っています。実際はチーム員が訪問し、会議で「こうしたらいい」などと話し合っています。まず医療が必要かどうかの見極めをして、必要に応じて、私も行くことがありますが、それは診療ではなく相談という形で、診療報酬の対象外です。それで私の外来や近くのかかりつけ医につなぐことはできますが、やはり限界があります。

ですから、初期集中支援チームと訪問診療がうまくつながれば、と思います。一時的に訪問診療をし、関係ができればその先はもの忘れ外来につなぐなど、もっとフレキシブルにできるのではないか、という感じはもっています。

内田　認知症が他の病気と大きく違うのが、進行してくると多くは病識がなくなってきて病院に行きたがらないということです。医療は普通「待ち」で、困った人が来て治療するのが構造上当たり前ですが、それが病識のない認知症の人たちには通用しない。その意味で認知症の専門医こそ訪問診療に出ないといけない、ということですね。

園田　需要はあると思います。アドバイスでもいいと思います。ガッツリ入り込まなくても、内科などの訪問診療にリエゾンのような感じで、こうしたらいいとか、この薬を使ったらもしかしたら効くかもしれないとか、そういう方法もあるのではないかと思っています。

内田　２０１８年４月からの診療報酬改訂で、これまで訪問診療料を算定できるのは1医療機関のみでしたが、複数の医療機関から可能になりました。これからは、内科の先生が在宅診療で主治医をしている人のところに、精神科のクリニックから訪問診療で入って精神面のアドバイスをすることが可能になり、地域で患者さんを支えやすくなります。

訪問診療料が複数の医療機関から算定できるようになり、精神科クリニックが訪問診療に関わりやすくなったと思います。

／3　なぜ在宅医療に精神科医が少ないのか／

内田　「訪問診療をしています」と言うと、「精神科の先生、少ないですからね。なんで精神科の先生、いないのですかね」とよく言われます。ニーズはあるし、精神疾患の人も引きこもりの人も認知症の人もいて、とにかく精神科の先生に来てほしいけれどもいない、という話です。なぜだろうと思います。

1 精神科医は身体面を診るのが苦手？

園田　私もいま大阪茨木市で勤務し、週1回（現在週2回）は福岡に来ていますが、茨木市で「こっちでも需要があるのに」と言われます（笑）。「1人じゃ無理なんで」と……。やはりグループ診療でやらないと、1人で全部やるのはちょっと無理ですね。

内田　訪問診療がかかりつけ医としてその人のことを全体的に診ないといけないというときに、内科医であれば1人でもある程度可能だけれども、精神科医の場合はそこが難しいという感じですか？

園田　そうですね。たとえば総合病院のなかで、訪問診療までいかなくても往診でつないでいって、何かあったら後方支援で入院するとか、そういうシステムもあってもいいのではないか、とは思っています。

内田　その前提として、多くの精神科医が身体面の関わりをすることに不安があり、それが在宅医療に参加する障壁の一つにあるかもしれません。

園田　確かにそれはありますね。

内田　夏堀先生のように研修医として各診療科をローテーションをした世代は、そこのハードルが少し低いかもしれないと想像しますが、いかがですか？

夏堀　確かにそういう側面は十分にあると思います。それに加えて私の場合は、もともとプライマリ・ケアの機能に興味をもっていたので、そういう経験をたくさん積んでいきたいというモチベーションがありました。身体疾患への対応などについても、周囲に消化器科や循環器科、皮膚科、家庭医療などの専門家がたくさんいて、わからなければとにかく聞けました。ですから、現場の経験とすぐに聞けるというところで獲得していくという、両方必要だったかとは思います。もちろん初期研修も重要ですけれども……。

2 ことさら在宅医療をしなくても……

内田 身体面を診る不安以外にも、ハードルになっていることや精神科医が少ないことに関係していることが何かありますか?

浦島 一番大きいのはやはり、ことさら在宅医療をしなくても食べていけるからだと思います。精神科医は人手不足で、田舎に行けば低くない給料をもらえるし、在宅医療以外でニーズがとてもあるので、受給バランスからいくと、いまの時点で精神科医がわざわざ在宅医療をするというインセンティブ(動機づけ)が働いていないのだと思います。

精神科の指定医の資格を取って、田舎でしっかり勤務医として働いたほうが給料は高い。

これまで当院で勤務してくれた内科の先生の例を挙げると、たとえばずっとカテーテルをしていて、給料はいいけれども60~70歳になっても続けるのはちょっと無理だから「在宅」になど、ある程度キャリアを終えたので在宅医療を始めるというケースがあります。内科医のキャリアの選択肢のなかに在宅医療はけっこう大きな位置を占めているようです。

そのときに「いままでの給料と比べて遜色なければやってもいいよ」と……。要するに、そこらへんをみなさん考えているわけです。

夏堀　逆に考えると、精神科医師に限りませんが、一般に70〜80歳になっても病院で働き続けることはできるのですか？

浦島　後輩に聞くと、田舎のしっかりした病院には90歳くらいの精神科医がいる例もあるそうです。ベテランの先生の給料をなかなか落とせないので、医療費削減や病床削減が進めば、若い精神科医の働く場所が少し減ってくるだろう、と私は見ています。

内田　そういう意味で若い人たちに、在宅医療という第3のキャリアを提示できれば、というところですね。

③ 外に出るのが苦手？

園田　もう一つ、精神科医のキャラクターとして、アクティブに外に出て行くのは苦手な人が多いという印象を、周りを見ていて感じます。

夏堀　カウンセリングのイメージですか？

園田　そうですね。精神科医はそもそも、カウンセリングが好きだとか、そういう人が多いように思います。

内田　確かにそうですね。「在宅医療を導入したいとも思うけど、常勤の先生たちは外に出たがらないだろうな」と精神科病院の院長先生から聞いたことがあります。

園田　でも初期研修が始まってから、変わってきつつあると思います。やはりそれ以前は、身体的なことを勉強することなく直に精神科に入っていますから。

内田　私たちも精神科を選ぶときに、聴診器を置く決意をしないといけないところがありました。でもそれはおそらく、ローテーションを経験している先生たちよりも少なかったのではないかと思うのです。あまり学んでいないからです。

でも、ローテーションで2年間学んだ上で精神科医を選ぶとなると、よほど精神科をしたい人たちなのでしょうか。

夏堀　精神科を選ぶ際のモチベーションは、脳に興味があるか、心に興味があるか、自分に興味があるかという、そんなことを先輩の医師からうかがったことがあります。もちろん、いろいろな興味のもち方があるかとは思いますが……。

╲ 4 在宅医療に精神科医が入っていく価値 ╱

夏堀　たとえば、診察室という場の雰囲気はあると思っています。そこに来て、自分の日常とは違うところで話ができる。普段は心理的な悩みなど言わないけれどもここでなら話せる。そういう場を必要としている方もいるから、そこには大きな価値があると思っています。

では、精神科の医師が「在宅」に出て行くときの価値としては何があるのか――。それが明確であればもっと増えるのではないかと思います。

内田　それはおもしろい視点です。いかがですか？

浦島　精神科にこだわらなくても、認知症専門医のなかに精神科医がもう少しいてもいいと思います。認知症の在宅医療をする先生たちにできていないことをもっとレベルアップするためには、もう少し精神科医が――もちろん勉強して――在宅医療のなかに入っていかないといけない、というイメージでしょうか。

内田　認知症診療のなかで精神科医の役割が大きいということですか？

浦島　そうです。もちろん統合失調症も別の問題としてはあると思いますけれども、やはり最近私たちが強く感じているのは、認知症の診療における量と質を上げていかなければいけないというところですから。

園田　たろうクリニックで、すごく腕利きの理容師さんが脳梗塞を発症し、さらに認知症になってすごく興奮するようになったケースがありました。内田先生が在宅診療に行って、部屋に入るとたくさんの賞状があった。「これすごいですね」ということで、患者さんとの関係がパッとできる。これはすごくシンボリックで、健康な部分を察知しやすいということはあると思います。

診察室に来ても、ご家族からはそういう情報提供さえないと思います。自宅に行くことで、この人はこういうプライドがあったとわかり、それをサポートすることで、俗にいう仲よくなる関係づくりができます。それが一つ、価値だと私は思っています。

内田　精神科医として在宅医療に関わるメリットとして、患者さんの自宅に行ってたくさんの情報を得ることができ、リラックスした患者さんと接することができるという点は大きいと思います。認知症は在宅療養も多いので、認知症診療ができるというところはもちろん大きい。患者さんと関係を築くのが得意だということも大きいと思います。

すでに訪問診療をしているベテランの先生たちに聞くと、在宅医療をするなら当然、認知症を診ることができないといけないし、自分たちはある程度自信をもって診ている、という話です。そこで困るのはやはり精神疾患。特に統合失調症やうつ病、その他の精神疾患の人で困るという話も聞きます。そこはまさに私たちが専門とするところなので、その診療も求められているところだろうと思います。日本自体が高齢化していて精神科患者も高齢化しているので、通院困難な人も増えています。そこにも価値があると感じます。

夏堀　医療者側、ベテランの医師からも求められそうですし、ご家族あるいはご本人にとっても、家で生活していて医療を受けたいときの選択肢があるというのは大きいと思います。

たとえば、医療を受けるべきだけれども、ご本人は病院に行かないし病気だと思っていないから、ご家族はとてもやきもきしていて、どうにかしたいというときに、外来でも入院でもよいけれども、ニーズによっては第3の選択肢がある。そういうところは大きいと思います。

ケアしているご家族からも、入院ではなく家で生活させたいというニーズも聞かれます。医師がもっと家の近くにたくさんいればいいのにという、医師の選択肢を求める声もよく聞きます。

浦島　精神科医の一番得意なところは、関係をつくるということであり、もう一つは見立てです。精神症状を正確に見立てて診断をつけ、ちょっと先の未来を説明して、ご家族とプランを立てていくことになると思います。

何年か診ていれば、「認知症です」と状況を伝えることは、たぶんどの先生もできていると思います。しかし、「何年でこうなります」とか「もしかしたらちょっと進むかもしれません」などと先の見通しまで示して、「もうちょっと先になれば、もしかしたら施設が必要になるかもしれません」とか、「でもがんばって、ご家族の協力を得て、家で看取りをしましょう」など、そこまで説明している先生は少ないと思うのです。

在宅医がみんなそれをやっていくためには、精神科医がもう少し入っていってしっかり情報提供し、「こういうふうにすればいい」というものを広げていかなければいけないと思います。

内田　なるほどそうですね。すごくベテランの在宅医の先生たちは自信をもって認知症診療をしているけれども、それは在宅医療全体でみると当たり前ではない。多くの在宅医の先生たちは認知症の部分を、認知症と診断した後は触れないようにしているか、もしくはどう触れたらいいかわからずに困っている場合が多く、そこに関して精神科医として、認知症専門医として見立てをきちんと行って、先のことまで伝えるということを提案していくのは、確かに大きな役割かもしれません。

在宅医療が「治し支える医療」だというときに、精神科医は「治し支える医療」への親和性が高いと思います。外科医が悪いところを切って治す、カテーテル治療も詰まっているところを通して「治す医療」が当たり前ですが、在宅医療は1つの病気を治して社会復帰して終わりではありません。私たちは統合失調症でもうつでも、再発を繰り返す人を「治し支えて」きていますから、そういう意味で近く、すっと入っていけるのではないかと感じています。

＼5 在宅で患者を支える仕組み／

夏堀 「治し支える」の「支える」の部分について、たろうクリニックではどういう形になっているのでしょうか。たとえば医療・看護の面では、精神科の医師が精神科のクリニックから在宅医療をするときに、クリニックからの精神科訪問看護を並列して行っているところも少なからずあるようです。そこでは診療は月に1〜数回程度ですが、クリニックからの訪問看護は必要なら多めに行くなど、柔軟な形で行われているようです。

祐ホームクリニックでは、精神科や内科にかかわらず、クリニックからの訪問看護は行っていません。看護師は連携部という部署で、受け持ち患者さんがいて、たとえばある患者さんから電話がかかってきたら、必ず受け持ちの看護師が何でも対応しています。プライマリ・ケアの重要な部分を看護師が担っているわけです。

また、訪問看護を行っていないので、特に患者負担面やクリニックの収益の部分とは直接関係がなく柔軟に動くことができるのは強みだと感じています。病院との連携においては、事務職員とのやり取りよりも連携が円滑であるというよいフィードバックが比較的頻繁に聞かれます。

そういった生活を「支える」部分のあり方は、たろうクリニックではどういう形なのかに興味があります。

内田　祐ホームクリニックでは、1人の患者さんに対して、主治医ではなく担当看護師がカッチリ決まっているということですか？

夏堀　そうです。

内田　訪問には、たろうクリニックだと医師と看護師が必ずセットで行きますけれども、そこは？

夏堀　祐ホームクリニックでは、診療アシスタントと医師の2人で行きます。診療アシスタントは医療職ではなく、運転をして、現場ではバイタルサイン測定や事務的なことをほぼすべて担当しています。

内田　すると採血などをするのは医師ですね。

夏堀　医師です。

内田　そこに看護師はいないけれども、担当の看護師としてはいて、必要なときは自宅に担当看護師が単独で行くのですか？

夏堀　単独で行くこともあるし、診療に同行することもあります。大事なタイミングでは必ず同行したり、必要なら診療が終わった後で看護師だけ残ってフォローアップしたりするなど、柔軟にしています。

内田　１人の看護師で何人くらい担当するのですか？
夏堀　数十名だと思います。
内田　看護師の業務としてはそこがメインなわけですね。
夏堀　大きな業務です。
浦島　たろうクリニックでは、ドクターと看護師がセットで訪問に回っています。書類作成や集金もしますし、採血や点滴などその場でできるものはします。クリニックにはフリーの看護師もいて、必要なときは呼びます。ですから時には看護師２人とドクター１人という形になりますけれども、事務職員は同行していません。
この形は、特に看護師が夜間の待機を担当しているため、現場をいっしょに回ることで、そのときに連携しやすいというメリットがあると思って続けています。
看護師とドクターの組み合わせは、年単位で変える程度です。自分が回っている患者数十名を把握していて、ミーティングで情報共有しています。
内田　たろうクリニックの場合は「支える」部分を看護師がすごく担っています。エリアごとに担当する看護師が複数決まっていて、診察には毎回その看護師の誰かが同行するので、普段の診療内容もその看護師が見て把握しています。問い合わせはいったん事務員が受けますが、少し込み入った内容になればそのエリアの看護師につなぎます。
ですから、患者担当というよりもエリア担当というところです。それでもいろいろな医療機関の工夫があるでしょうから、いろいろ聞いて取り入れたいと思っています。

6 在宅医療での難しさ

内田 在宅医療に関わっていて難しいと感じるところはありますか?

1 精神科救急への対応

夏堀 精神科医が在宅医療を行うときに障壁になりそうなのが、精神科救急で扱うような状況、暴力や自傷・他害が大きく問題になる場合です。どう対応するほうがよいかとか、どういうあり方があるべき姿に近いのか、とよく自問しています。

祐ホームクリニックの現状では電話への対応は必ずしも精神科医ではありません。暴力や自傷・他害が問題になる場合には、東京都では警察官対応で都に通報され、診察につながっていくということを最初に説明して、そういう枠組みについてのご理解をご家族にお願いするようにしています。

場合によっては、たとえばACTを盛んにしているところは、状況が少し違うのではないかと想像しています。「入院したくない」という話でとりあえず訪問診療に行ってみたら、それだけでうまく収まったことも多いという話も聞きますし、逆に危険な話も聞きます。そのあたりの対応、方法やその工夫について、ということがネックになりそうだと思っています。

浦島 重要なことですね。

内田　そうですね。若い患者さんの受け入れがあまりできず、認知症高齢者への訪問診療が中心になっているのは、精神科救急を在宅医療で行うことの難しさが大きいのですね。

夏堀　そうですね。保安の部分がどうしても入ってきますし、そこで少なくとも精神保健指定医のような診察をした経験がない医師が行くと、さらにハードルが高く難しい問題かと思っています。

内田　おっしゃる通り難しいところですね。

② 有効性が少ないケース

夏堀　つながりにくいという問題もあります。たとえば引きこもりの10代の当事者で、親御さんは困っているけれどもご本人は精神疾患だと思っていないケースがあります。ご家族から診察依頼があっても、ご本人は「自分は関係ない」「来てほしくない」と思っているわけです。行ったとしても、関わるきっかけはかなり少なくて、つながりにくいという印象があります。

ある程度関わることができたとしても、その家の環境やご家族から見ると、大きくは変えてほしくない、変わらないことがよいことだ、という場合も多い印象があります。引きこもりの50代の方の訪問をしていて、疾患というよりパーソナリティの問題だったり発達面の問題が大きかったりすると、医療機関として大きくはお役に立てないことも少なからずあります。

ですから、ニーズは多いけれども、そこにきちんとした価値のあるものを提供できているかどうかが難しいと思っています。

それは必ずしも在宅に限った話ではなく、医療の問題とも思います。とはいえ、まだ医学とか医療が届きにくい部分があるけれども、そのなかで10人中の2人とか3人とか数は少なくても役立つ部分が見えて、それが少しずつ発展していくのではないかとも思っています。

内田　確かに、引きこもりの人なりにある程度安定していて親御さんが働いて支えているところや、統合失調症でなんとか通院していたり親御さんが代わりに薬をもらいに行ったりしているところは、現状では私たちが行っても有効性は少ないと思います。

けれども最近、支えている親御さんが高齢化して認知症になったり亡くなったりして、どうにも困って地域包括支援センターから相談があるというケースが、私たちのたろうクリニックで増えています。私たちが大学病院や精神科病院で診ていた患者さんの将来像が、在宅医療にあるわけです。特にそういう人たちは難しいと思います。

今後、そういう人たちがどんどん増えてくると思います。私たちのスキルとしても、治し支える方策を増やしていかないといけないと感じています。

夏堀　同じような問題意識をもっている方のケースは、私にも経験があります。東京都豊島区と荒川区にそれぞれ統合失調症の子をもつ方がいて、そうした問題意識で区に問い合わせ、私にも相談がありました。

荒川区にはＮＰＯ法人があり、豊島区は区に担当者がいて、それぞれが自宅への訪問につながりました。現状は安定している状況ですが、状況を把握した上で、何かあったときは「この状態なら家で過ごせるかもしれないからヘルパーをきちんと整えます」とか「状況によっては施設がいくつかあるからすぐに対応します」といった説明がなされ、その後も、月に1回くらい訪問して顔見知りの状態を続ける、などの対応をしているそうです。いずれのご家族も大変安心されています。

内田　事が起こる前に少し介入しておくのは大事ですね。そうやって親御さんが自分から動ければいいけれども、動けない場合には、それこそ外来で診ている精神科医などが提案するといいわけですね。

3 チームアプローチのマネージメント

園田　病院では、外来でも入院でも、患者さんあるいはご家族と話をしていて何かを決めるときに、医師と、患者さんとご家族という関係ですごくシンプルです。ところが在宅に行くと、いろいろな施設の人やケアマネジャーが関わり、いろいろな思惑があるほか、ケースによって司令塔が違うこともあって、すごく混乱することがあります。かなり複雑になっていると感じるのが、訪問診療をしていて難しいところです。もちろん患者さんが決められるように支援する方向性は同じなのですが。

内田　病院だと医者がトップですからね。

園田　そうです。私は在宅医療ではそこがまだ慣れません。ケアマネジャーによっても、自分が段取りする人もいれば、全部医者に委ね

る人もいます。本来はケアマネジャーがチームのマネージメントをするのだとは思うのですが……。

内田　毎回チームメンバーが違いますし、それは病院ではあまりありませんからね。

園田　そうそう。入れ替えができるのはメリットでもあるのですが……。

ただ、たとえば内科の先生の訪問診療とケアマネジャーの場合、精神的なことはケアマネジャーがなんとか対応しようとするかもしれませんが、精神科が母体のクリニックならケアマネジャーも精神科医に依存するというか、遠慮して決めてもらおうという気持ちが起きてくるのではないか、とは思っています。

4 状況に応じた地域ごとのモデルを

浦島　国の決めている予算のなかで病院と診療所の医療費の配分が大まかに決められます。医療の観点から見ると、家や施設など地域で暮らしたい人の生活の場所をどうするかというときに、病院だけではできないので在宅のクリニックをつくって、介護保険などを使って地域での生活を支えていこうということです。そのときに、予算の配分が変わるので病院、在宅、診療所、介護保険でどうしても軋轢が生じてしまう、そういう問題からは目を背けられないと思います。

私たち医師は医療保険を使って医療を行い、生活の糧を得て生活していますから、そのお金をどう有効に使うかを国といっしょに考えていかなければいけないと思っています。そのなかでやはり、ニーズがあるところには開業医も増えてほしいし、病院の先生もどんどん在宅医療の分野に出てきてほしいというのが、いまの気持ちです。

たぶん、難しい問題はこれからも起きてきますし、単純にニーズがあるから在宅医を増やせばいいという問題ではないということは認識しています。

それと、私の母が田舎で在宅酸素療法をしています。在宅医療が利用できるかと考えたのですが、近くに訪問診療をしてくださるクリニックや病院がありません。それなら自分がつくればいいとも思いますが、そのあたりでは経営が成り立ちそうにありません。人口10万人の地方都市でもそんな状況ですから、全国にこういうサービスを広めていくのはなかなか大変なことだと思います。

内田　都会は複数の科の専門医がいる総合病院的な訪問診療クリニックもニーズがあって成り立つでしょうし、田舎だと地域の総合病院が外来も入院も在宅も一手に引き受けるような、地域ごとのモデルがあるかと思います。いずれにせよ、在宅医療という選択はどこの地域にもあればいいとは思います。

＼7　精神科医が在宅医療に関われる環境とは／

内田　実は私は採血ができなくて、在宅医療に入るときにそこが不安でした。たろうクリニックの場合は看護師が必ず同行するので、基本的に採血を任せられるのは大きな安心ですが、祐ホームクリニックのシステムだと私は働けない（笑）と思っていたところです。

夏堀　少なくとも全員が得意ではないと思います。ある程度の年齢までずっと大学にいたりすると、しないですよね。

内田　そうなのです（笑）。ほとんど大学勤務だったので、いつも看護師が……。

夏堀　やはりそれは、精神科医だけではないかもしれません。

内田　逆に、こうしたところが整備されれば、あるいはこういうものがあれば精神科医がもっと在宅医療に関わりやすいかもしれない、という点ではいかがですか？

夏堀　簡単なところで一つは私の環境のように、現場ではきちんと診療して、クリニックに戻ってきて困ったことがあればすぐに聞けるということです。もちろん自己研鑽もしますが、かなり貴重な環境だと思います。

園田　各方面の専門家がいるということですね。

内田　そういう意味で複数科の医師が所属している強化型の大きな訪問診療クリニックで、精神科医が非常勤として働くのは一つの選択肢だと思います。大きい訪問診療クリニックは精神科医を欲していると思います。

夏堀　お互いに……。

園田　多くのクリニックには各科の専門家がいるわけではありません。そこをつなげるようなシステムがあればいいのではないかと思います。たとえば藍野病院には各専門医がいますから、福岡の訪問診療先でわからないことがあれば、タイムラグはありますが私は病院に帰ったときにその専門の先生に聞いています。それを、メールなりＩＣＴ（インターネット等を活用したコミュニケーション）なりでやりとりして、1回質問したらいくらと向こうにインセンティブ（報奨金）が入るような感じのシステムでできれば、精神科メインでももう少し広がるのではないかと思えます。

内田　一つの医療機関で完結しなくてもいいので、いろいろな専門の先生たちと相談しながら在宅医療を進めていける仕組みがあればいいということですね。そういう意味では、医療機関を越えて気軽にコンサルトできるような仕組みができていけばと思います。

園田　それは必要だと思います。

内田　その気軽なコンサルト相手として精神科医は重宝されるだろうし、気軽にコンサルトできれば精神科医も訪問診療に、より関わりやすくなると思います。具体的な仕組みはまだなかなか難しいですけれども、そこにＩＣＴが有効に使えたらと思います。

園田　内田先生があちこちで講演をした後、懇親会などに行くと、けっこう「在宅医療に興味がある」という精神科医が来ると思います。だから「やりたい」という人はいるし、地域のニーズも確実にあるという点で、準備状態ではあると感じますが……。

内田　私のミッションステートメントは、「在宅医療を当たり前の選択肢にする」ということです。これには二つの意味があって、一つは、精神科医のキャリアとして在宅医療を当たり前の選択肢にしたいということです。これまでは、精神科病院で働くか心療内科クリニックで働くかという二択がほとんどでしたが、これに在宅医療という選択肢を加えたいと思っています。

もう一つは、患者さんが療養する、加療を受ける場所として、これまでの外来と入院という二択に、在宅医療という三つ目の選択肢を加えたいということです。

8 在宅医療の魅力

内田 最後に、在宅医療の魅力について語り合いたいと思います。

1 精神科医冥利

浦島 現場に行ってカオス（混沌）なところが見られることですかね。これどうしようか……、みたいな（笑）。

園田 先生好きですね、カオスが（笑）。

夏堀 それは環境も？ あるいは病態ですか？

浦島 ゴミ屋敷もいくつか見ましたし、訪問しながらしばらく見ているうちに、こんな家族関係でここが原因だと少しずつ解き明かされることもあります。そこは精神科医冥利につきるというか、やりがいを感じるところです。

開業医の立場から言えば、自分の理想を追い求めて、クリニックの方針を決めることができます。当然、それを望んで開業する先生が多いと思います。いまの時点で、認知症を専門としている精神科の先生が独立すれば、地域のニーズはかなりあります。上手にやればとても喜ばれます、本当に。どんどん地域に出て行って、いい診療をして患者さんの生活を支えるということで、自分の自信がすごくつくと思います。

ですから、「やったら楽しい」ということはアピールしておきたいと思います。後輩たちにもキャリアの一つとして考えてほしいと思っています。勤務医と違って経営面での波はどうしてもあります。苦労もするかもしれませんけれども、それもまた振り返ってみれば楽しいことになりますから。

2 幅広い取り組みが楽しくて

園田　私は福岡大学で生物―心理―社会モデルを学んできましたが、それが認知症に一番ぴったり当てはまるという感じがあります。医療の枠を越えてまちづくりにも関わる医者は普通いませんが、そこまで関われるのがすごく楽しいと思っています。

入院が必要な人もいるのは否定できませんが、精神症状でも身体合併症があっても適切な在宅医療があれば、なんとか入院せずに地域で暮らせる人もいます。そういう人たちを精神科医の訪問診療で増やすことはできると思っています。

入院治療に従事していて見てきたのは、もともと興奮して暴れて入院して行動制限になるというよりも、ちょっとしたことが原因で、自宅や地域で対応できずに入院しか選択肢がなく、その人に病識がなくて「帰りたい。帰らせろ」とスタッフを叩いたりして暴れた結果、行動制限しか選択肢がなくなるという悪循環でした。

これらの多くは精神症状ではなく、反応性のものです。そういう人たちには、もっと何かできたのではないかという後悔の思いがあります。その点は在宅医療で減らせるのではないかと思っています。先の、腕利きの理容師さんも、訪問診療が入らなければ、外来も拒否して入院の選択肢しかなくなり、「家に帰る!」と暴れて行動制限せざるを得なくなった可能性もあったと思います。

いま、病院で地域医療や外来をしながらたろうクリニックで週末に勉強させてもらっていますが、私も病院だと受け身になります。ただ、来るのを待つのはあまり好きではなく、いろいろなプランを作っていくほうが好きなので、在宅医療のほうが合っていると思います。浦島先生、内田先生と3人でいろいろなプランを立てて実行していくのがすごく楽しくて仕方がない――、そういうところが好きですね。医療の範囲にとどまらず、もっともっと広く、たとえばスーパーや銀行と組むなど、そういうことが好きな人には非常におもしろいのではないかと思います。

夏堀　たろうクリニックでは、そういう取り組みも何かしているのですか?

内田　勉強会という意味では上野秀樹先生を招いた認知症の見立て勉強会を、患者家族、介護者、ケアマネジャー、医師などみんなで集まって開催したり、見える事例検討会をしたり、その場その場で困ったことを解決する手段としてさまざまな取り組みをしています。

③ 好きなときに好きなことができるよう

夏堀　生活の場で、自分が患者さんの立場なら、好きなときに食べて、好きなときに寝て、好きなときに好きなことができるということを選択したいという思いが一部にあり、そういったところを実感としてサポートできるところが、個人的にはやりがいがあると思います。

また、精神の疾患と身体の疾患を分けるメリットもありますけれども、長い目で見れば分けなくても、精神科医であろうとその他の医師であろうと、どちらもひとまず相談すれば、問題を整理してしかるべきところに紹介することも含めて対応できる、そういう安心感のあるかかりつけ医だとか主治医だとか、そういうところにやりがいがあると思っています。

家は多様で、一つとして同じ家がないと言われます。そして生活の場では見えるもの、情報がとても多く、そういうところに適度な医療を加えるという感覚が在宅医療にはあります。

ひるがえって自分が医療を受ける際に、そういう選択肢があるととても希望がある話だと個人的には感じます。そこが魅力になるか思います。

4 認知症とともに生きるまちづくり

内田　一番は、在宅医療をしていて「こんなにも」と思うくらい感謝されることです。「これからは私たちが医療面に関してお支えします。心身両面診ますよ」と言うと、ずいぶん感謝されます。感謝されることが多いのは、大きな魅力だと思います。

認知症診療という意味では、医療の限界を感じることが多く、もの忘れ外来を月に半コマしていますが、私ができることはすごく少ない。ご家族の困りごとを聞いて、いわゆる支持的精神療法でご本人とご家族を支える、もしくは対応法についてアドバイスをすることが、私の診療の中心です。けれども訪問することで、見えてくる情報量もずいぶん違うし、医療として提供できることもずいぶん増えると思っています。

しかし、訪問診療にも認知症に関して医療の限界も感じていて、認知症フレンドリーなまちづくりが必要だと考えています。これは訪問診療に限らずできるのかもしれませんが、やはり訪問診療のほうが病院を出て活動する分、医療や介護以外の職種やその地域に住む人たちとつながりやすいです。認知症とともによりよく生きることができるまちづくりをしていっていることが、いますごく楽しいですね。

もともと私が在宅診療に関わり始めたきっかけは、なんで浦島先生があんなに楽しそうなのか、ということでした。いま自分がすごく楽しい。それが一番の魅力で、周りで見ている人が「あいつ楽しそうだ」と思ってもらえれば、在宅医療は魅力的だと感じてもらえるのではないかと思います。

おわりに

私が認知症の人の在宅医療に興味をもつようになったきっかけは、トロント大学の老年精神医学部門に視察に行ったことでした。見学した3つの附属病院すべてに訪問診療の部門があり、チームで病院へのアクセスが難しい患者さんのところに訪問していました。何人かの訪問に同行させていただいたのですが、訪問すると患者さんの生活全体を評価することができ、正確な診断とケア体制の構築が可能になると感じました。帰国して、いつかそのような部門をもちたいと考えてきましたが、制度の壁もありなかなか実現させられずにきていました。

そのようなときに、金沢で開催された老年精神医学会で内田先生の認知症の人の訪問診療に関するご発表を聞き、これはすばらしいと思いました。京都でも認知症初期集中支援チームの立ち上げが各市町村で始まっていましたが、最初から専門医が自宅に訪問して鑑別診断を行って治療方針を立てるという内田先生たちの取り組みはそれをはるかに超えていくものでした。すばらしい取り組みではありますが、果たして経済的に成り立つのかという疑問をもちフロアから質問しました。私はその時まだ臨時往診と在宅診療の区別がついていませんでした。

その後、一度診療の実際を見てみたいと思い見学をお願いしたところ、快くご了解いただきました。同じく認知症の訪問診療に興味をもっておられた京都府医師会認知症担当理事の西村幸秀先生と事務局の鈴木美智代さんといっしょにうかがって、訪問診療に同行させていただいたり、保険請求や訪問の予約を管理している事務部門を見学させていただいたりしました。印象に残っているのは、初診の患者さんの訪問で、ケアマネジャーと現地で待ち合わせて鑑別診断から今後の介護体制まで一気に済ませてしまったことです。これが病院での診察であれば、鑑別診断をしてそれをケアマネジャーに書面で伝えたりして一週間以上かかると思います。また、自宅の様子を見ることで、その人の生活機能もわかりますし、介護関係者との情報共有についても書面のやり取りと比べて格段に質が高いと感じました。診療とは別の面ですが、もともと自動車のディーラーだった建物を改装して使っておられたり、古いアパートの一室にたくさんのパソコンや電話を置いて事務処理をしておられたりしていて、何か新しいことが始まっていることが感じられました。その日は、理事長の浦島先生とも夕食をごいっしょしたのですが、浦島先生から「街をリエゾンする」というコンセプトでやっていますとお聞きし、さわやかな浦島先生の風貌ともあいまって、博多の街をポルシェで駆け抜けていくイメージが浮かびました（実際にはファミリーカーで回っておられます）。

その後、内田先生から精神神経学会でのシンポジウムのオーガナイザーのお誘いをいただき、喜んで企画に入らせていただきました。そこでは、在宅医療の第一人者である平原佐斗司先生や認知症の訪問診療の草分け的存在である上野秀樹先生にも登壇していただくことができ、フロアからも在宅医療を実践されている先生からコメントをいただきました。とても良いシンポジウムになったので、ぜひ何か記録に残したいと思い、書籍化することにしました。先生方から貴重な原稿をいただいて、精神科医が認知症の人を主体として在宅医療で生活を支えるイメージが浮かぶ一冊になったと思っています。この本がきっかけで1人でも多くの精神科医の先生方に在宅医療に興味をもっていただけるとうれしく思います。私自身は、京都での認知症の人への在宅医療の発展に微力ながら貢献したいと思っております。

京都府立医科大学大学院医学研究科精神機能病態学　成本　迅

PROFILE

監修／平原佐斗司（ひらはら・さとし）

1987年島根医科大学卒、東京ふれあい医療生協副理事長、梶原診療所所長、同オレンジほっとクリニック東京都地域連携型認知症疾患医療センター長（兼務）、総合内科専門医、在宅医療専門医、日本緩和医療学会暫定指導医、プライマリケア連合学会指導医、東京医科歯科大学臨床教授、聖路加看護大学臨床教授、東京大学高齢社会総合研究機構客員研究員、日本在宅医学会特任理事、日本エンドオブライフケア学会理事・EOLを支える専門職の実践・教育・研究委員会委員長

著者／内田 直樹（うちだ・なおき）

精神科医、医学博士。2003年琉球大学医学部医学科卒業。福岡大学病院、福岡県立太宰府病院を経て、2010年より福岡大学医学部精神医学教室講師。福岡大学病院で医局長、外来医長を務めた後、2015年より現職。日本老年精神医学会専門医・指導医。

認知症の人に寄り添う在宅医療
精神科医による新たな取り組み

2018年7月15日　初版発行

監　修●　平原佐斗司　Satoshi Hirahara
著　者●ⓒ内田　直樹　Naoki Uchida

発行者●田島英二　info@creates-k.co.jp
発行所●株式会社 クリエイツかもがわ
〒601-8382 京都市南区吉祥院石原上川原町21
電話 075(661)5741　FAX 075(693)6605
http://www.creates-k.co.jp　info@creates-k.co.jp
郵便振替　00990-7-150584

装丁・デザイン●菅田　亮

印刷所●モリモト印刷株式会社

ISBN978-4-86342-238-4 C0036　printed in japan

認知症関連　好評既刊本

本体価格表示

認知症を乗り越えて生きる　“断絶処方”と闘い日常生活を取り戻そう

ケイト・スワファー／著　寺田真理子／訳

●49歳で若年認知症と診断された私が、認知症のすべてを書いた本！
医療者や社会からの“断絶処方”でなく、診療後すぐのリハビリと積極的な障害支援で今まで通りの日常生活を送れるように！　不治の病とあきらめることなく闘い続け、前向きに生きることが、認知症の進行を遅らせ、知的能力、機能を維持できる！　2200円

私の記憶が確かなうちに　「私は誰？」「私は私」から続く旅

クリスティーン・ブライデン／著　水野 裕／監訳　中川経子／訳

●46歳で若年認知症と診断された私が、どう人生を、生き抜いてきたか
22年たった今も発信し続けられる秘密が明らかに！　世界のトップランナーとして、認知症医療やケアを変革してきたクリスティーン。認知症に闘いを挑むこと、認知症とともに元気で、明るく、幸せに生き抜くことを語り続ける…。　2000円

DVDブック　認知症の人とともに

DVDブック

永田久美子／監修　沖田裕子／編著

●認知症の人の思いがつまった90分のDVD収録　〈DVDの内容〉日本の認知症ケアを変えたオーストリアの当事者：クリスティーン・ブライデン＆ポール・ブライデンさん。触発された日本の当事者：佐野光孝さん、中村成信さん、佐藤雅彦さん。講演「私は私になっていく」（クリスティーン）全収録〈35分〉　5000円

認知症の本人が語るということ

扉を開く人　クリスティーン・ブライデン

永田久美子／監修　NPO法人認知症当事者の会／編著

クリスティーンと認知症当事者を豊かに深く学べるガイドブック。認知症の常識を変え、多くの人に感銘を与えたクリスティーン。続く当事者発信と医療・ケアのチャレンジが始まった……。そして、彼女自身が語る今、そして未来へのメッセージ！　2000円

私は私になっていく　認知症とダンスを〈改訂新版〉

2刷

クリスティーン・ブライデン／著　馬籠久美子・桧垣陽子／訳

ロングセラー『私は誰になっていくの？』を書いてから、クリスティーンは自分がなくなることへの恐怖と取り組み、自己を発見しようとする旅をしてきた。認知や感情がはがされていっても、彼女は本当の自分になっていく。

2000円

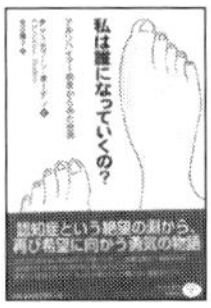

私は誰になっていくの？　アルツハイマー病者から見た世界

21刷

クリスティーン・ボーデン／著　桧垣陽子／訳

認知症という絶望の淵から再び希望に向かって歩み出す感動の物語！
世界でも数少ない認知症の人が書いた感情的、身体的、精神的な旅―認知症の人から見た世界が具体的かつ鮮明にわかる。

2000円

大好きだよキヨちゃん。

2刷

藤川幸之助／文・絵

自分にとって大切な人の記憶が薄れていく時、ぼくらはいったい何ができるのだろうか？　認知症を子どもに伝える最適な書籍。　1400円

http://www.creates-k.co.jp/

本体価格表示

人間力回復　地域包括ケア時代の「10の基本ケア」と実践100

3刷

大國康夫／著（社会福祉法人協同福祉会）

介護とは、人を「介」し、尊厳を「護る」こと。最期まで在宅（地域）で暮らし続けられる仕組みを構築すること。施設に来てもらったときだけ介護をしてればいいという時代はもう終わった！あすなら苑の掲げる「10の基本ケア」、その考え方と実践例を100項目にまとめ、これからの「地域包括ケア」時代における介護のあり方、考え方に迫る。　2200円

あなたの大切な人を寝たきりにさせないための 介護の基本　あすなら苑が挑戦する10の基本ケア

社会福祉法人協同福祉会／編

9刷

施設内に悪臭・異臭なし。オムツをしている人はゼロ！　全員が家庭浴に。 開所まもない頃の介護事故を乗り越え、老人たちのニーズをその笑顔で確認してきた“あすなら苑（奈良）”。大切な人を寝たきりにさせない、最後までその人らしく生活できる介護とは―。　1800円

若年認知症の人の“仕事の場づくり”Q&A 「支援の空白期間」に挑む

藤本直規・奥村典子／著

介護保険サービスへのスムーズな移行が最大の目的ともいえる「仕事の場」で、「働くこと」「仕事」を真ん中に、本人、家族、専門職、地域がつながった！「支えること」「支えられること」の垣根を超えて―。　1800円

認知症ケアこれならできる50のヒント 藤本クリニック「もの忘れカフェ」の実践から

2刷

奥村典子・藤本直規／著

藤本クリニックの「もの忘れカフェ」の取り組みをイラストでわかりやすく解説。三大介護の「食事」「排泄」「入浴」をテーマにした、現場に携わる人へ介護のヒントがたくさん。

【長谷川和夫先生すいせん】　2000円

ノーリフト　持ち上げない看護　抱え上げない介護 ノーリフトケアプログラムで腰痛予防対策

保田淳子／著　垰田和史／監修

ノーリフトプログラムは、リフトなどの機器導入だけでなく、現場の腰痛予防対策の知識やケアの方法、文化を変えていく。腰痛を予防し、職員の健康を守ることで人材確保と経営の安定につながる！　拘縮、褥瘡予防にも役立つことを証明！

【付録DVD】「実技動画ＤＶＤ」でさらに深く学べる　2000円

介護の質　「2050年問題」への挑戦

森山千賀子・安達智則／編著

特別な人が介護を要するのではなく、誰もが介護に関わる時代はすぐそこにきている。地域に根ざした豊富な事例と深い理論的考察、先駆的な取り組みに学びながら、「介護の質」が保障された地域社会を展望する。　2200円

認知症カフェハンドブック

6刷

武地 一／編著・監訳　京都認知症カフェ連絡会・NPO法人オレンジコモンズ／協力

イギリスのアルツハイマーカフェ・メモリーカフェに学び、日本のカフェの経験に学ぶ。開設するための具体的な方法をわかりやすく紹介！ 認知症になったからと引きこもったり、一人悩んだりするのではなく、認知症のことを話し合ってみたい。そんな思いをかなえる場所、それが認知症カフェです。　1600円